郎咸平的百姓经济学

郎咸平说

谁都逃不掉的金融危机

郎咸平 著

老百姓必懂的
金融学、经济学常识

郎咸平

东方出版社

图书在版编目（CIP）数据

郎咸平说——谁都逃不掉的金融危机 / 郎咸平 著. —北京：东方出版社，2008.12

ISBN 978-7-5060-3352-7

Ⅰ.郎… Ⅱ.郎… Ⅲ.金融危机—研究—世界 Ⅳ.F831-59

中国版本图书馆 CIP 数据核字（2008）第 181923 号

郎咸平说——谁都逃不掉的金融危机

作　　者	郎咸平
责任编辑	魏　霞　刘越难
出　　版	东方出版社
发　　行	东方出版社　东方音像电子出版社
地　　址	北京市东城区朝阳门内大街 166 号
邮政编码	100706
印　　刷	北京智力达印刷有限公司
版　　次	2008 年 12 月第 1 版
印　　次	2009 年 7 月第 7 次印刷
开　　本	710 毫米×1000 毫米　1/16
印　　张	9.25
书　　号	ISBN 978-7-5060-3352-7
定　　价	28.00 元
发行电话	（010）65257256　65245857　65276861
团购电话	（010）65230553

你的未来不是梦？

"你是不是像我在太阳下低头，流着汗水默默辛苦地工作"？你是不是也曾经像这代人一样心怀一个简单而淳朴的梦想：只要努力打拼，就能"追求一种意想不到的温柔"？为此，你"就算受了冷漠，也不放弃自己想要的生活"。

可血淋淋的现实摆在你面前：企业倒闭，百业萧条，更可怕的是过去那种简单的生活一去不复返了！中国35%的经济产出都要依靠外贸出口，而这些产出所依赖的终端消费形态，随着全球金融危机的一步步恶化已经没有往日的风光。美国次贷危机对我们的冲击到目前为止是有限的，还没有真正开始，真正的开始会是什么时候？就是美国的防火墙破裂之后。美国的防火墙一旦破裂，冲击到美国的消费市场，由于美国进口的减少，使我们的出口受到影响，从而打击到我们经济的基本面。

梦醒了吗？没有！对于这场金融危机，我相信很多人都有一种迷惘的感觉：看遍了报纸，看完了电视，却基本上不知所云。很多讲华尔街问题的报道或电视节目，我看了以后，只有摇头叹气的份儿。第一，怎么发生的，没说清楚；第二，怎么处理的，没谈明白；第三，对中国有什么影响，也没说出个所以然。我相信很多老百姓都是一头雾水，只知道了一个名词，叫次贷危机或者国际金融危机。

前面的梦醒了，取而代之的是一个更加令人迷惘的梦境。那就是，这些年在大洋彼岸究竟悄悄地发生了什么变化？昔日不可一世的金融大鳄们，为什么转眼间好景不再，堕入深渊？一直向全球输出金融服务、制定行业游戏规则的美国为什么反而会被伤得最深？更神奇的是，为什么忽然间一个远在天边的小国冰岛会面临破产？你如果也人云亦云地认为都是金融创新的错，那么我想当我告诉你下面这些事实时，你大概除了惊骇，就是惊骇了：冰岛的三大商业银行其实并未持有次级债，也没有参与那些金融衍生工具产品的交易。其实，你一直不好意思开口问同事或同学的问题可能就是：什么叫"次级债"啊？

如果你认为问题就出在金融领域，那么好吧，就让我们安心做实业吧。可是很快你会发现，你还是逃不掉。中国中铁公告称，截至2008年9月30日，中国中铁H股募集资金除已使用的9.07亿港元外，其余额折合人民币172.38亿元均存放在中银香港募集资金专户上，H股剩余募集资金的净亏损额为19.39亿元人民币。类似的，中国铁建2008年三季度汇兑损失为3.2亿元人民币。而这些数字在中信泰富150亿～200亿港元汇兑亏损面前简直就不值一提。一笔"结构性存款"就能毁掉中铁募集资金的1/10，与汇丰银行及法国巴黎银行签订的几份"累计杠杆式外汇买卖合约"就能烧掉中信泰富一半以上的股本！可是，你知道什么叫"结构性存款"，什么是"累计杠杆式外汇买卖合约"吗？

不必沮丧，其实你的同事可能也完全搞不清楚什么叫"次级债"，大多数老百姓，甚至包括那些主流经济学家们可能都是第一次听说"结构性存款"、"累计杠杆式外汇买卖合约"这些名词（我们不用关心这些名词）。郎教授我也没有那么聪明，只不过我在美国沃顿商学院读博士时修的就是金融学，所以此时此刻面对此情此景，我觉得我有责任把我知道的与大家分享。

分享当然有各种不同的方式，我可以跟大家详细地讨论"结构性存款"，也可以就"累计杠杆式外汇买卖合约"从最基本的定价公式讲起，不过，仅仅一个最简单的（而且因其假设条件有瑕疵，导致其结果有一定局限）Black-Scholes（布莱克-斯科尔斯模型）期权定价公式，没有个十来页纸也推导不完。并且，说实话，如果那样就理论谈理论的话，对我的写作来说也更容易，但是我相信这对你阅读和理解这些基本问题帮助有限。所以我将继续用一种简单明了的语言与大家分享我对当前这些迫切问题的看法和观点。这也正是我写作本书的初衷。

解梦一："鬼压身"——什么是次级债？为什么次级债的"传染性"这么强？

"人在睡觉时，突然感到仿佛有千斤重物压身，蒙蒙眬眬的喘不过气来，似醒非醒、似睡非睡，想喊喊不出，想动动不了。人们感到不解和恐惧，就好像有个透明的东西压在身上一样，再配合梦境，就被赋予了一个形象的名字——鬼压身。"我特意使用"鬼压身"这个词，并不是因为我迷信，而是因为我相信大家读完上面这段绘声绘色的描述后，都会联想到自己对"次级债"和"国际金融危机"的感觉。明白了这一点，问题的关键就清楚了：那种不解和恐惧，就让我们感觉好像有个透明的东西压在身上一样。

所以我觉得非常有必要从"金融工程"（Financial Engineering）讲起，因为这是整个金融创新的基石和起点。我们先想想什么叫"工程"，举个最简单的例子，土木工程师在修高速公路时都做了什么？用铲土机和载重卡车把大量的土石方从高地移到洼地，然后再一层层填上石头、砂石、石灰等各种材料，每一层还要用压路机夯实，最后再在路面上铺一层柏油。简单说来就是，把原本在不同地方的材料以新的结构和组合填到别的地方去，结果就是高地变低，洼地变高。

金融工程也是用同样的方法来建构的。就拿按揭来说吧，通常是银行向个人发放贷款，然后在30年里按月收取利息，那么，如果把同期类似的几万笔个人贷款全都一次性卖给某一个独立机构，那这个机构实际上就跟买债券差不多：一次性付出一笔本金，然后分30年按月收取利息，最后一次性收回本金。

这样对银行有什么好处呢？银行把自己有限的资金盘活了，同时利润被急剧放大：比如以前要拿出10亿元资本金来发放一批个人贷款，必须要等上30年才能再收回来；而有了这个机制以后，即便打九折出售，现在就可以收回9亿元，拿出去继续放贷，并且这9亿元的贷款还可以再卖出去，再换回8.1亿元……这样循环下去。通过等比数列的知识，我们可以知道，有了这个机制，这10亿元的资本金就可以发放100亿元的贷款，这样银行就可以把利息收入放大10倍，在资产规模不变的条件下，盈利水平会急剧上升。而实际上，金融工具越是创新，这个折扣就越小，这个机制能够放大的倍数就越大。

这对这家收购贷款的机构有什么好处呢？首先，它不用开设一家分行，就可以涉足商业银行业务。换句话说，它在获得同样信贷收益的同时，却不必建立如商业银行一般庞大的风险稽核机构和柜台业务。更重要的是，它不是商业银行，所以不会受到商业银行那样的严格监管，自然也就无须维持那么高的资本充足率。可是问题在于，它从哪里筹集到那么多资金去收购银行贷款呢？

第一个来源当然是自有资本，不过问题在于，如此高风险的企业，其资产的本质就是形形色色的贷款包，你还能期待它们创造出高于平均利率的回报吗？那怎么办呢？资金成本公式（资金成本等于贷款利率和股东要求回报率之加权平均数）告诉我们一个捷径，就是能不能得到更便宜的贷款？

可是商业银行好不容易把贷款放出去了，难道会给你提供更便宜的贷款？所以唯一的办法就是直接向市场发行债券。但是问题在于，对于这种业务模式风险如此之高的企业来说，它筹集资金的成本怎么可能比收购商业银行的贷款还低呢？其资产的本质就是那些贷款啊。所以，它发行债券的成本最起码要比贷款的平均利率高吧？不过，你小看了信誉的价值，特别是美国政府信誉（或者换个更准确的说法：金融霸权）的价值。在美国，从事这一业务（学名叫"资产证券化"，不过其行业本质没有这名字本身专业）的机构中，最大的两家就是房利美（Fannie Mae）和房地美（Freddie Mac），它们不是政府部门，也没有美国政府部门提供担保，相当于我们中国的事业单位。所以我虽然身为金融学博士，可是到今天也不明白，为什么有人会同意把中国那么多的外汇储备用来买这种企业发行的伪国债。

简单地说，这种金融工程就是大家认购某一家机构的债券，这家机构拿钱去把个人住房贷款成批买回来，然后把每个月收到的利息作为其发行债券的利息分给大家。那么具体是怎么运作的呢？什么是次级债呢？次贷危机爆发后，我们又为什么谴责美联储前主席格林斯潘呢？

以前大家是怎么借钱的呢？一群信用良好的人想借钱，比如要买房子或者买汽车，想借 10 000 美元。他们需要通过中介机构来借，中介机构要做什么？要负责收集材料，包括申请人的收入证明、税单等等，看你够不够资格借款。中介机构负责进行第一关的审核，它如果认为申请人够资格借款的话，就会把资料拿到下一关去，那就是银行。银行根据这些资料，再进行第二关的审核，如果审核通过，银行就会把10 000美元贷给借款人。在中国贷款的话就到此为止了，但美国不同，在美国还有后面的环节，也就是我们前面介绍的金融创新。

后面是什么呢？那就是银行借出10 000美元，它就减少了10 000美元的资金，它就不好运作了。但是美国有非常发达的金融市场，所以银行可以把这10 000美元转化成债券卖掉，卖给谁呢？可以卖给投资银行，像美林（Merrill Lynch &Co.）等，或者卖给房利美和房地美。简单地讲，房利美和房地美就是美国政府的事业单位，是帮助美国老百姓买房子的。因此当银行把10 000美元债券卖给房利美和房地美之后，房利美和房地美就会再把它分割成面额1 000美元的债券，叫做房地产抵押债券。听起来很不错，很漂亮，这种债券是由房地产做担保的。而且真正的房地产贷款只有七成，相当于用十成的房地产来担保七成的债务，你还担心什么？好了，10 000美元的贷款可以分割成10张债券，每张面额1 000美元，然后再卖出去。卖给谁呢？卖到美国的金融市场，外国政府可以去买，老百姓也可以去买。

那么保险公司在这个过程中承担什么职责呢？就是为这些1 000美元一张的债券提供担保，担保其会支付。而且这个担保的保单很有意思，保单还可以再卖，还可以再到金融市场上去卖出。

那么，什么叫次级债呢？就是原本不够资格贷款买房子的人，也让他们贷款买房子。财务报表不过关，家庭收入不足，税单也没有，怎么办呢？这些人要贷款的时候，中介机构就说，这样吧，我提供给你一笔贷款，但是你必须在一般的浮动利率之外再加几十个基点来付按揭，因为现在的利率水平非常低，所以你还是能还得起的。这样，金融机构放出了高息贷款，而且回头就可以把贷款风险通过前面所讲的方法完全转嫁出去，所以这笔生意对它们来说简直是求之不得；而那些本来买不起房子的人也可以大量买房了。看起来好像是两全其美的好事。

但是隐患在于：万一利率走高怎么办？第一，不良贷款率上升，比如美国次级贷款的不良贷款率从2.5%升到了5%左右。但是这对于金融机构来说是无所谓的，因为信贷风险已经通过前面所讲的方法完全转嫁出去了，所以到目前为止，没有任何一家银行的损失是由于直接发放次级贷款造成的。第二，顺势绑架大多数老百姓，因为数据表明，绝大部分的美国老百姓还是在忍气吞声地为金融机构买单。

金融机构对这一切心知肚明，但还是经不住诱惑，故意放水，制造出大量的次级贷款。并且自始至终，那些可怜的美国老百姓从来没有被告知过，利率会高到什么程度。美联储对此却一直是睁一只眼闭一只眼，长期刻意保持低利率，希望以房地产市场来刺激经济。大家都在天真地幻想一种情形：第一，房价会持续上升，所以"把房子卖掉再用按揭买回来"这种迅速获得大量可支配收入的方法，对个人来说实在是妙不可言，对银行或购买房地产抵押债券的机构来说，反正有持续增值的资产做抵押，没什么好怕的；第二，总会有足够多的因素让利率一直维持很低的水平。

可是为什么次级债的"传染性"这么强呢？前面不是说信贷风险都转嫁出去了吗？怎么这么多金融机构还是中招了呢？贪婪啊，贪婪！它们发现用这些衍生金融工具赚钱的速度比传统业务快得多，于是纷纷成立业务部门来参与这种交易。以往封闭在一家银行里的坏账，现在充斥了整个市场，而其风险却随着金融衍生工具产品的广泛零售而加速放大。至于原因，前面已经提到了：首先，它不用开设一家实体分行，就涉足了商业银行业务。换句话说，它在获得同样信贷收益的同时，却不必建立如商业银行一般庞大的风险稽核机构和柜台业务。更重要的是，它在获得这种收益的同时，却无须维持那么高的资本充足率，并且可以使用杠杆性融资进一步放大利润。铁的事实就是：拖垮拥有 11.6 万名员工的全球最大保险公司——美国国际集团（AIG）的罪魁祸首，竟然是该集团只有 377 名员工的伦敦子公司——AIG 金融产品公司（AIG-FP）。过去 7 年，AIG 金融产品公司支付给员工的薪水总额达 35.6 亿美元，员工的平均年薪超过 100 万美元。而根据资料披露，在这波金融海啸中侥幸逃过一劫的高盛，竟是 AIG 最大的商业伙伴，假如 AIG 不保，高盛可能要蒙受 200 亿美元的损失。

解梦二：痴人说梦——信贷挂钩票据怎么被说成了债券？

在中国香港，现在闹得最凶的，非"雷曼兄弟迷你债券事件"莫属了。它竟然惊动了立法会介入调查，并且在地区直选及功能组别均以压倒性票数，通过引用《权力及特权法》调查雷曼"迷你债券"事件。雷曼兄弟担保的"迷你债券"总价值约 127 亿港元。不过，自始至终，新闻媒体乃至立法会议员都称其为"迷你债券"，简直是滑天下之大稽。信贷挂钩票据，在香港的推销名称为"迷你债券"，是一种特别的金融衍生工具，虽然名称为债券，其实根本不是债券，而是一种高风险的金融衍生产品。这种产品在美国都不允许零售给个人投资者，基本上最专业的投资者——美国的几大知名养老基金都很少涉足这种产品。

大家知道香港的金融机构是怎么向个人投资者推销的吗？第一句话就是：这个"迷你债券"胜过银行定期存款。而且一直都是以"迷你债券"来称呼产品的，让投资者以为它跟债券差不多，就是把大额债券拆分成小面额的债券以利于零售。当你询问为何回报率更高时，得到的解释通常是："发行商一般利用来自投资者的款项买入抵押品，然后做出若干'掉期'（就是债券互换以降低风险，读者不需要知道细节）财务安排，从而令发行商得以将产品的潜在整体回报率提升至高于传统银行存款利率的水平。"这里有误导吗？没有！可是你听明白了吗？我相信你肯定如堕五里雾中，买卖合同中有非常详细而专业的解释，可是我敢肯定你只会更迷茫。因为从一开始你就以为这是债券，而回报率之所以比一般利率高，应该是跟其他债券的道理差不多，也就是说这家机构的信贷评级没有美国政府那么高（毕竟跟美国国债评级一样高的公司不超过 10 家，而其中没有任何一家银行）。

这种金融产品本质上其实是"信贷挂钩票据"。什么意思呢？简单来说，发行时，把这笔钱交给发行人，发行人再把钱借给雷曼，雷曼拿些东西来交给发行人作为抵押；到期时，如果雷曼按期足额还钱，那么发行人就按照承诺的利率付给投资者利息，并返还本金，但是如果雷曼倒闭了，那么投资者就成了雷曼的直接债权人，能收回多少钱就要看雷曼的抵押品值多少钱了。发行人为了促进销售，按照抵押品价值的不同分成几类不同的票据，当然是抵押品价值越低的，承诺的利率就越高。可是银行的投资顾问会像我这样清楚地告诉你吗？不可能！因为他们中的大多数都不明白，他们自己推销的"迷你债券"根本就不是债券！这种产品不是不能赚钱，但问题是其中涉及的信贷风险，连这些财务顾问都不知道应该怎么估算，更不知道是如何影响产品定价的（这种推导和计算过程，足够开一门博士生水平的课了，而能教这门课的人更是屈指可数，我在沃顿读过这门课，我记得我最后考试拿了 B，不好意思，成绩不太好）。

说到这里，我请大家仔细想一想：香港的雷曼"迷你债券"事件波及如此之广，难道是因为金融创新吗？仅就此种产品来说，这种金融创新真的是有必要的吗？那么，应该受谴责的是谁呢？首先，肯定是那些信托责任沦丧的财务顾问和零售银行。其次呢？雷曼兄弟？它可真是冤啊，它根本不是发行人啊！香港证监会声明显示，"迷你债券"是 Pacific International Finance Ltd. 所发行的信贷挂钩票据的品牌。换言之，这些首先被谴责的人其实不过是替罪羊。谁的替罪羊？Pacific International Finance Ltd. 这家公司？它也不过是为了这个特别目的而临时开设的公司（SPV），事情结束之后就关门了，人也跑了，这样的机构有千千万。但是，是谁批准了这种产品颇具误导性的名称——"迷你债券"？所以，在考问金融机构信托责任的同时，我们也应该问责金融监管部门是否真正履行了严刑峻法的职责，因为我的观点一向是：要通过严刑峻法让你不敢没有信托责任！

解梦三：雷曼噩梦——为什么不救雷曼兄弟？

雷曼兄弟也并非无辜，恰恰相反，雷曼兄弟之所以落得如今的下场，正是因为信托责任的沦丧。

在雷曼兄弟公司出现危机之后，英国的巴克莱银行想出资 17 亿美元，收购已经亏损 20 亿美元的雷曼兄弟公司。你知道雷曼想怎样吗？你一定不敢相信，雷曼的 8 名高级主管竟然要求支付给他们 25 亿美元的红利，你能相信吗？你能相信世界上会有这种人吗？你们这些高管把公司都搞垮了，别人来帮助你，来收购你的公司，你的公司已经亏损了 20 亿美元，收购金额也不过 17 亿美元，你们这 8 位高管竟然要求对方再给你们 25 亿美元，怎么会有这种事？这就是雷曼兄弟公司做出来的事。

雷曼兄弟公司的 8 名高管根据"金色降落伞"条款（本书正文中将讨论），要求按照合同约定支付给他们 25 亿美元。本来公司被收购，股民得到利益之后给你一个"金色降落伞"是没有问题的，因为毕竟钱不多。可是现在不一样，现在是雷曼的股价大跌，几乎为零了。股民已经损失得无法想象了，你还要按照合同执行"金色降落伞"条款？

这个没有良心的华尔街，这种压力简直让国会议员们吃不消，大家都吓死了。因为大家都需要看选票，如果全美国的选民，全美国的老百姓对这群丧失信托责任的华尔街的贪婪之徒如此痛恨的话，就会让美国的议员们很难投票。所以这一次美国政府提出了7 000亿美元的救市方案，一送到众议院，众议院的议员们心里就凉了，不知道该怎么办了。很多人在选民的压力之下不敢投赞成票。共和党提出的议案，最后我们竟然发现，共和党的议员大部分都投了反对票。为什么？因为共和党在美国历史上一向被认为是富人的党，而民主党则被认为是穷人的党，这些富人的党的民意代表、议员们为了平息众怒，不敢投赞成票，因此共和党的大部分议员都投了反对票，这就是美国7 000亿美元救市方案第一次国会表决时没有被通过的原因。

可是之后发生的事情，严重得无法想象，7 000亿美元的救市方案未获通过，美国股市随即大跌。美国那么多平民老百姓的退休金，基本上都放在了美国股市里，股市大跌的结果自然会殃及这些无辜的老百姓。在这种压力之下，美国政府又说话了，看吧，看吧，你们不投赞成票，老百姓不支持我们，什么结果呢？大家都玩完了。以此来威胁老百姓，而在这个时候股价一直下跌，老百姓没有办法了，于是反对的压力慢慢减轻了，因为情况实在太严重了。

这是老百姓的想法，那么那些金融大鳄是怎么想的呢？它们给政府一句话：你买单吧，不买单我就继续砸盘。如果大家具备一定的金融知识，看看美国国债市场的情况就能够看出端倪了：市场不缺钱，只不过钱都从股票市场、货币市场、期货市场和房地产市场流到国债市场去了。尤其是看看雷曼倒闭对货币市场的冲击，你就可以知道市场中的流动性是怎么回事了，也就是钱都逃离股市了。实际上，以巴菲特为代表的一股力量一直有意借机低价买入优质的银行股票，但是管理层不同意他们提出的苛刻条件。你可以想象一下，如果没有"金色降落伞"政策，假设巴菲特收购了雷曼，第一件事恐怕就是把雷曼的高管全部开除。从另一个角度来看，也正是雷曼的"金色降落伞"政策使得金融大鳄们决定放弃对它的拯救。这样的"杀鸡儆猴"的策略也的确有立竿见影之效，之后被收购的投行高管再也不敢提任何苛刻条件。要知道高盛请求巴菲特注资时的语气几近乞求，最后竟然同意以高息优先股的方式接受巴菲特的注资，事实上当天巴菲特就能做到账面盈利（想想中投对美林的投资是什么条件吧）。

事实上，金融市场永远比你想象的要复杂，要诡谲。比如，我们做梦也没有想到，越南今天竟然会发生金融危机。越南在最近五年被誉为亚洲经济奇迹，我们中国的很多企业家纷纷跑到越南去设厂。但危机背后惊现大鳄身影，它们通过国际通货膨胀，让越南的通货膨胀率达到不可控制的25%，而越南的股价和楼价却由于外资的撤退而大跌。越南昨天的噩梦会不会就是我们明天的噩梦？为此，我借这本书余下的篇幅，讨论了国际通货膨胀的成因以及中国的股市、房地产市场乃至经济的基本面等方方面面的情况，希望能对你研判当前经济形势有所裨益。愿大家都能梦想成真！

目录

第一章
当美国遭遇危机

百年一遇，美国金融风暴引发全球动荡。

一旦美国老百姓丧失信心，后果将不堪设想。

次贷风波背后，为何玄机重重？

拿出一小部分钱来当你的薪水，那就是几百万、几千万的年薪。一年几百万、几千万美元的年薪，他们觉得还是不够。他们创造了一个前所未有的次级债市场。

华尔街经历行业地震，到底谁在操纵美国投行？

我 1986 年毕业的时候，找工作的第一志愿，包括雷曼兄弟、高盛和美林。

美国政府断然出手救市，依据何在？

1929 年经济危机的根源就是美国政府没有设立防火墙。

背景提示

2008 年 9 月 15 日，美国第四大投行雷曼兄弟终因次贷问题而申请破产保护，从而成为新一轮金融风暴的源头。被称为美国心脏的华尔街由此陷入一片翻天覆地的动荡之中，在短短数日内，雷曼兄弟公司、美林、房利美、房地美、美国国际集团……昔日华尔街一个个叱咤风云的角色相继沦陷，一切仿佛是在验证美联储前主席格林斯潘的话——美国正陷于"百年一遇"的金融危机之中。那么，到底是什么原因让美国遭遇金融危机，在华尔街风暴的背后，又有多少我们不知道的秘密呢？

一、华尔街的贪婪

次贷危机近来已经成为财经新闻中最热门的字眼儿，但是我相信，大部分老百姓并不清楚什么是次贷，或者次级债。所以有必要先跟大家做一个简单的解释。

背景提示

次贷之所以会引发美国金融危机，与美国的金融结构密切相关。美国人申请住房贷款时，首先要由中介机构出具收入证明，中介机构向银行证明借款人具有还贷能力，此后银行把钱贷给借款人。与中国不同的是，银行除了与借款人之间的关系之外，还在贷款给借款人的同时，通过房地美和房利美向社会机构与公众发行债券。这样，住房人的贷款就渗透到整个金融环节当中，如果贷款出现问题，其影响也就不仅限于银行与借款人之间。本次危机的另一个震源就是华尔街的投资银行，投资银行是与传统商业银行相对的概念，传统商业银行以存贷款为主要业务，而投资银行则服务于资本市场，同时不断尝试金融创新。美国华尔街几乎就是现代投资银行的代名词，这些投行不断扩大规模，在全球抢占制高点，深深切入现代经济的命脉当中。那么，站在这些投行背后的，到底是些什么样的人？又是什么原因让呼风唤雨的华尔街投行陷入危机当中的呢？

对于这些华尔街的投资银行，目前你还不需要知道它们到底是谁。我可以告诉你的是：**这是一群最贪婪的人。**

我在 1986 年毕业找工作的时候，第一志愿就是去这些现在已经破产的投资银行，包括雷曼兄弟、高盛和美林。因为去这种公司工作简直太完美了，入职第一年的年薪就有几十万美元，工作几年之后，如果没有被炒鱿鱼，年薪就能达到上百万美元，如果再做 10

年，升为公司的合伙人或者董事总经理，说不定就能拿上千万美元的年薪。所以我很想进这些公司工作，只是它们不要我。

如果说我现在很庆幸，听上去似乎有点儿酸溜溜的感觉，不过目前的确如此。我的一位老师，李森伯格教授，是我在沃顿商学院的老师之一，他一直都很提拔我，我们一起写了很多论文。他后来去高盛工作，一直升到最高的位置，成为合伙人。他现在退休了，有一天给我打电话请我去他家玩。

李森伯格教授说，我们家最近买了一所大房子，就在新泽西州。新泽西州是美国很富裕的一个州，房价很高。我说是吗？他说，我们家院子很大。我说是吗？多大？他说，你猜一下。我说，起码有 1 亩地，他说不止。我说 10 亩地，他还是说不止。我咬咬牙又猜了 15 亩，15 亩地在我看来已经是大得无法想象的了。他说，1 400 亩。1 400 亩是什么概念？是相当于我们一个城镇的面积。他又说，我们家还有一座山，可以上去滑雪，你来我们家住很方便，因为我们家有七栋别墅，你想住哪一栋都可以。

我自己从来没有去过他家，因为我天天忙着上电视演讲，没有时间去。我的小儿子去了一趟。真的非常大，大家见个面都很麻烦，1 400 亩地啊，实在是太远了。他就是因为在高盛工作，才会有这样的财力去买这么大的房子。所以我们每一个学生当时看到都很羡慕，都希望能进入这家银行。

可是我请各位想一想，他凭什么拿这么多钱？一个普通人凭什么可以拿上千万美元的年薪，或者上百万美元的年薪？就连刚毕业的企业管理硕士、工商管理硕士，年薪也起码能达到二三十万美元，这还是入职第一年，他们凭什么拿这么多？哪里来的这么多钱？

有人可能会说，因为公司效益好。可是，如果是一家卖矿泉水的公司，即使产量再大，效益再好，员工最多拿个几万美元的年薪就了不起了，根本无法与这些投资银行相提并论。

再举一个例子，一般华尔街的商业银行当中，刚入职的新员工每年也就挣几万美元，一个普通的公司高管年薪十几万美元就算很高了，怎么可能拿到百万、千万美元，这简直是无法想象的事情。

为什么投资银行的员工就能挣这么多钱？让我告诉你，这就是华尔街的贪婪。这种贪婪从何而来？一般银行的利润率大概是5%～10%，他们之所以能拿这么多钱，一定是因为他们创造了无比巨大的财富。这个财富创造量一定非常大，大到我们无法想象的地步，才能使得他们可以拿上百万、上千万美元的年薪。

那么，这样巨大的财富又是如何创造出来的呢？以制造业为例，每投资100块钱，大概差不多能赚2块钱，或者了不起能赚10块钱，投资银行怎么能够创造如此巨大的财富？答案就是：它们把我们子子孙孙的钱全部拿到今天来花了。也就是说，我们所看到的一切金融市场，包括住房贷款，包括期货市场，包括我们很多人可能都没有听说过的衍生工具市场——期权市场，甚至包括股票市场本身，这些金融市场最本质的意义，就是把我们今天的财富无限制地扩大。怎么扩大呢？就是把未来的财富，我们子子孙孙的财富全部拿到今天来用。

我们可以想象一下，如果我们把未来很多年的钱都拿到今天来花的话，不管是通过房子，还是通过股票的形式，我们可以想象这个金额会是多么巨大。当它们创造出这么多财富之后，拿出一小部分钱来当做员工的薪水，那就是几百万、几千万美元的年薪。正是这些投机商，把我们未来的财富全部通过金融市场拿到了今天，但是他们还嫌不够，一年几百万、几千万美元的年薪，他们觉得还是不够，因此在上述的链条之下，他们创造了一个前所未有的次级债市场。

二、次级债惹的祸

如上所述，贪婪是刺激华尔街各种金融创新与衍生品的动力，次贷问题也恰恰是在这种动力驱动下产生的。那么，究竟是什么原因，让华尔街的次贷问题变成了一条导火索，最终引爆了辐射全球的金融风暴呢？

- 这个市场以我们今天的金融危机为代价。
- 目前房地美和房利美的债务是五万亿美元，你猜次次级债有多少？
- 这是下一个冲击，目前你们还没有听到。
- 美国次贷危机对我们的冲击是有限的，还没有开始，真正的开始会是什么时候？

什么是次级债？所谓次级债，说白了就是为那些本来没有资格申请住房贷款的人创造一个市场，使这些信用不足的人或者贷款记录不良的人也可以来贷款，而这个市场就以我们今天的金融危机为代价。这些次级贷款是需要通过中介机构来申请的，中介机构本来应该把住第一关。但是，中介机构开始丧失信托责任，开始违规、造假，用假的数据和假的收入证明，来欺骗银行。银行拿到假的数据之后，一看情况还可以，过去的信用记录很好，但没想到数据都是假的。于是把 100 万美元借给他们了，然后银行又把这 100 万美元贷款转化成债券，卖给房地美和房利美，房地美和房利美再把这 100 万美元债券分割成 1 000 美元一张的债券，卖给普通投资者。

其实还有更差的，目前媒体还没有报道，我现在第一次发布，除了次级债，还有次次级债。这又是面向什么样的人呢？连收入证明都拿不出来的人。次级债借款人至少还能拿出个收入证明来，只是可能多加几个零，伪造一下。然而，这些次次级债的借款人连收入证明都拿不出来，他们是谁呢？他们是卖热狗的、开小杂货店的，也让他们贷款买房子。

就这样，连收入证明都拿不出来的人也可以贷款，通过中介机构的包装欺骗银行，银行再把债券卖给房地美和房利美，房地美和房利美在不知情的情况下将其分割成 1 000 美元一张的债券卖给全世界，包括 AIG 等公司。终于有一天，这些次级债的借款人开始还不起利息了，银行拿不到利息，就不能向房地美和房利美兑现，房地美和房利美拿不到钱就无法给社会大众，于是引发了一连串的经济崩溃。据我所知，目前房地美和房利美的债务是五万亿美元，其中有两万亿美元卖给外国政府，三万亿美元卖给美国自己的老百姓。次次级债你猜有多少？还有一万亿美元，这个现在还不敢想。因为这个一万亿美元债券前五年几乎是没有利息的，大概从第五年之后开始支付高利率。我相信只要一开始支付高利率，他们就会付不起，所以这是下一个冲击，目前你们还没有听到。这就是贪婪导致的一系列问题，终于有一天，崩盘了，现在的问题是美国政府决定怎么办？

三、美国政府救市背后的玄机

背景提示

美国政府为救援贝尔斯登、AIG、两房及相关基金，已经支出了 6 000 亿美元，2008 年 10 月 3 日，美国众议院又通过了布什总统 7 000 亿美元的救市方案，这两项资金加起来可以让任何一个国家在一夜之间拥有 10 个美国规模的航母舰队。而在已有的救市方案中，收购"金融机构问题资产"都是核心内容。作为市场经济高度发达的美国，政府为何如此不惜代价救助这些问题公司呢？

今天我要告诉大家一个新的观念，那就是，我们今天的世界已经进入一个前所未有的工商链条时代。什么是工商链条时代？那就是只要一个环节出了问题，就会立刻产生连锁反应的多米诺骨牌效应。比如今天的中国股市，如果中国股市大跌的话，其结果不仅仅是股民受损失，还会有一系列的问题，比如因为股市大跌，股民买不起房子了，房价也跟着下跌。于是信心下降，消费也就减少了。消费减少生产就减少了，生产减少的下一张骨牌是什么呢？失业增加。失业增加了，下一张骨牌又是什么呢？消费更少了，然后形成恶性循环，造成经济衰退。这就是我在 2008 年 3 月份呼吁政府救市的原因所在，就是希望政府斩断工商链条，防止多米诺骨牌效应的出现。也就是说，在我们股票市场发生问题的时候，应该立刻设立防火墙，不要影响到工业生产，否则危机就会加剧蔓延。当然政府也在做工作，这一点我必须承认。那么，美国政府在做什么呢？

美国政府动用 7 000 亿美元救市。7 000 亿美元是什么概念？这个金额相当于 70 艘美国的航空母舰，相当于美国老百姓每个人拿出 2 000 美元，7 000 亿美元在美国可以买 233 万套 300 平方米的住房。美国政府决定动用这么大一笔经费来救这些公司，可为什么要救这些公司呢？

因为多米诺骨牌效应，因为工商链条时代特殊的多米诺骨牌效应。你不救这些公司没有关系，你不救它们的结果是华尔街大量失业，信心崩溃，消费减少。信心崩溃就会导致股市崩盘，消费减少就会影响到工业，失业继续增加，消费继续减少，最终会造成什么后果？美国的经济大衰退。

所以说我们今天已经没有市场化的概念了。什么叫市场化？那是农耕时代的概念，而今天是工商链条时代。这是我创造出来的新词汇——工商链条时代。因此，美国政府的做法是对的，它在做什么呢？它在切断工商链条，也就是通过设立防火墙，让金融危机不要影响到信心，不要影响到消费，这也正是美国总统一再出面说我们保证救市，请美国人要有信心的原因所在。美国老百姓一旦丧失信心，那后果将不堪设想。

目前全球很多国家的央行都已经开始伸手援助美国的金融危机，这其中可能有国家利益的考虑，但是不管怎么样，就美国政府来说，它今天的做法非常值得赞扬，而且我也希望能通过我们的推广让我们的政府了解，今天是一个前所未有的国际工商链条时代，美国政府的做法不是违反市场化的运作，不是把责任推给市场，而是什么呢？是由政府出面斩断工商链条的多米诺骨牌效应。怎么斩断？通过设立防火墙。

当然，政府能做的，并非只有在问题出现之后再来设立防火墙。事实上，美国政府对于投资银行也好，对于所谓的一般商业银行也好，它的监管是非常严格的，但是对于金融工具的创新，美国政府是没有监管的。

次级债就属于金融工具的创新，一种新的、前所未有的金融工具，因此缺乏监管。就这么简单，这也就是为什么美国政府说，好，不玩了，以后我们不要投资银行了，大家回归到一般商业银行，没有暴利，没有百万年薪，也别玩这游戏了，你也别给我来金融创新，我们玩传统的东西，金融创新对国家太不利了。我可以告诉大家，以后也不要再想什么去华尔街赚个几百万、几千万美元了，这也许都是明日黄花了，说不定以后都不会再有金融创新，因为大家现在都对金融创新深恶痛绝，就因为金融创新才会有次级债惹的祸。

四、保尔森和伯南克能否力挽狂澜

美国历经金融动荡，深知实施严格监管的利害，今天，当问题从监管最为薄弱的环节爆发时，他们断然采取措施是意料之中的事。那么，面对如此复杂的金融变局，美国究竟有没有能力面对，在美国精英当中又有什么样的智囊人物可以脱颖而出，挽狂澜于既倒呢？

- 1929 年的经济危机，根源就是美国政府没有设立防火墙。
- 看这两位哥们，能不能够成功地、有效地设立防火墙。
- 所以美国次贷危机对我们的冲击是有限的，还没有开始，真正的开始是什么时候呢？

此次次贷危机引发了美国五大投行命运的转变，贝尔斯登于 2007 年 3 月被收购，2008 年 9 月雷曼兄弟宣布破产，接下来美林被收购，仅剩的高盛和摩根士丹利也变身为银行控股公司，为什么五大投行会变成次贷危机的重心？

这就要来看一下美国的历史，很有趣。1933 年，美国出台了《格拉斯—斯蒂格尔法案》（Glass-Steagall Act），当时做的是相反的事，把一般商业银行和投资银行分开。为什么分开？请注意一件事情，一般公司要上市需要通过谁？通过投资银行，也就如我们中国的证券公司，说穿了，像高盛、美林这些投资银行，它们的本质其实就是我们中国的证券公司。这就可以理解了，你要上市就必须通过证券公司，也就是通过美国所谓的投资银行。因为你公司上市需要提供相关资料，所以投资银行会知道你公司的很多秘密，它甚至知道你们未来有什么发展方案，说不定有什么利好或者有什么利空，证券公司或者投资银行都知道，这就很危险。如果是你知道这些的话，你会不会从商业银行拿大笔资金去投资获利呢？这是很有可能的。所以干脆一分为二，商业银行只吸收存款、发放贷款，投资银行就专门负责上市业务，不准把上市公司的秘密透露给别人，必须在美国政府的监管之下，不能自己图利，这样做是为了方便监管。

当时为了方便监管，所以把商业银行和投资银行分开了。70 多年之后，到了 2008 年，发现分开后更糟糕，分开之后所谓中国的证券公司或者美国的投资银行都是一样，它们做什么？它们创新工具太多，制造了次贷危机。于是又进行合并，合并是什么意思呢？那就意味着以后金融创新会大幅减少，合并以后的银行除了受制于美国证券交易委员会之外，还要受美国联邦储备银行也就是美国中央银行的管制。把你管得死死的，让你以后不会有这种创新的机会，为什么这样做？为了防止灾难的再次发生。美国 70 年整个 180 度大转变，目的只有一个——保护美国老百姓，保护全世界。它就怕什么？怕它们作弊。在 1933 年的时候，怕它们作弊，怕它们勾结，所以要分开；今天怕它们继续创新，再让老百姓损失一次，所以再合并，就是这个意思。

我们可以说这多少有一点儿因噎废食的嫌疑，可是我想不出更好的办法，因为我不够聪明。美国财政部长保尔森和美国联邦储备委员会主席伯南克都是聪明绝顶的人。我对伯南克还是很熟悉的，他是普林斯顿大学的教授，他们这一代的经济学家是20世纪70年代培养起来的，而我是20世纪80年代。这两个年代的经济学家有着非常大的区别，那就是在那个时代，他们熟读历史，非常注重经济历史，以史为鉴。我们这个时代就不同了，20世纪80年代后所培养的经济学家，包括我本人在内，以及中国所有的现代经济学家，我们只做什么？我们只讲数学，我们修的所有课程都在导数学，导得极其艰难。我还记得我当初刚进沃顿商学院的时候，导数学，导衍生工具，比如说期权怎么定价，就这么一个简单的东西一导出去就要几十页纸。但伯南克那一代经济学家不是这样，他们那一代的人之所以伟大，是因为他们在上学的时候，老师就不断地告诉他们：1929年经济危机的根源就是美国政府没有设立防火墙，就这么简单。而伯南克本人的博士论文写的就是1929年的金融危机，而论文中提出的解决方案就是他目前正在做的事，直接用钱救金融机构。

保尔森这个人跟伯南克还不一样，他是华尔街出身，一生都在华尔街奋斗，他曾是高盛的董事长，而且美国的财政部长除了他之外，克林顿时期的财政部长鲁宾也曾是高盛的董事长。这非常有意思，他们当了财政部长之后，凭借他们过去在高盛工作的经验，他们对这个系统了解得非常清楚，所以由他们来处理问题比谁都适合。因此保尔森认为把投资银行和一般商业银行合并之后，斩断金融创新的根源，才能够真正解决问题。坦白地讲，我个人认为他的做法是非常正确的，他非常了解高盛等投资银行的运作机制，因为他本人就是高盛出身的。这样一个实务出身的专家，配合一位经历过大恐慌的学者，两个人在一起就是一个黄金组合，且看这两位哥们能不能成功地、有效地设立防火墙，让我们拭目以待好了，两个月后再来看，不管防火墙成功也好，失败也好，都是很有趣的话题。

五、金融危机对中国的冲击还没有真正开始

到目前为止，大多数人都认为美国金融危机对中国的冲击，显而易见的影响是在于股市，很多股民对股市的信心开始动摇。但事实上美国次贷危机对中国的影响，现在还只是一些间接的损失，比如我们投资房利美和房地美损失了 3 700 多亿美元，这并不一定是完全损失，而是已经投资了 3 700 多亿美元。但是我相信金融危机对中国真正的冲击，包括对中国股市的冲击还没有真正开始。

因为我们内地的股市跟美国的不一样，跟中国香港地区的也不一样，全世界的股市都是跟美国股市联动的，只有中国 A 股市场不是。因为中国 A 股市场基本上是一个比较封闭的系统，美国人怎么炒中国 A 股？很难。所以美国次贷危机对我们的冲击是有限的，还没有开始，真正的开始会是什么时候？就是美国的防火墙破裂之后。美国的防火墙一旦破裂，冲击到美国的消费市场，由于美国进口的减少，使我们的出口受到影响，从而打击到我们经济的基本面。

第二章
国际金融危机的本质

金融危机的根源在于资本主义灵魂的沦丧？

美国金融系统的"三聚氰胺"是什么？

美国政府为何救 AIG，不救雷曼兄弟？

资本主义为什么遭遇信心危机？

真的是全球社会主义化吗？

一、资本主义的灵魂

最近，大家最关心的话题就是全球金融危机。但我相信很多人都有一种困扰，什么困扰呢？就是看遍了报纸，看完了电视，却基本上不知所云。很多讲华尔街问题的报道或电视节目，我看了以后，只有摇头叹气的份儿。第一，怎么发生的，没说清楚；第二，怎么处理的，没谈明白；第三，对中国有什么影响，也没说出个所以然。我相信很多老百姓都是一头雾水，只知道了一个名词，叫次贷危机或者国际金融危机。

为了弥补媒体报道以及讨论方面的不足，我想跟大家谈谈最本质的问题。为什么会发生这种现象？你相不相信在媒体上所看到的原因，都是一些表面现象，都是不对的？所谓次贷危机所引发的国际金融危机，其最本质的原因，就在于它违反了资本主义的灵魂。那么，你认为资本主义的灵魂是什么？

你也许认为是自由竞争、民主、议会、宪法，等等。但是，不对，这些都是表面现象。我们这么多年的经济发展中所出现的诸多问题，都与我们不了解资本主义的灵魂有着重大关系。现在，我就以资本主义的灵魂为开端来告诉大家，为什么会产生金融危机。这源于资本主义的灵魂——**信托责任**。什么是信托责任？就是每一个人内心深处，对国家、对民族、对百姓，以及对我们所在公司的股东——也就是中小股民，要存有一份责任感。这种责任感是很难说清楚的，是无法定量分析的，它就是你的良心。

1. "请向我们收税"

这听起来可能有些空泛，你甚至根本就不相信这是资本主义的本质。为了强化我的观点，在谈金融危机之前，我先谈一个对比：什么是我心目中的信托责任？什么是美国大多数老百姓心目中的信托责任？

2001年，美国政府，也就是美国的小布什总统，希望通过一个法案，这个法案将使得富人的遗产税被减免。也就是说其终极目的是帮助这些富人，让他们可以把遗产完整地交给他们的下一代，不用缴税。试想一下，如果这种事发生在我们国家的话，你认为我们国家的富人们会做何反应？是不是应该很激动？太好了！我不用缴税了，我可以把我所有的财产都留给我的子女了！我相信会是这样的。可是你知道美国的富豪是如何反应的？你想象一下。这群美国富豪所表现出来的信托责任，对国家、民族以及百姓的信托责任让我为之动容，让我为之感动。我们在这方面宣传得太少了，我们一向只宣传资本主义的自私自利，但那都是表面现象，甚至是副作用。我们从来不谈资本主义的本质或灵魂。

请注意，在2001年，《纽约时报》刊登了一则广告，广告的中文意思是："请向我们收税。"请向我们收税，这是谁登的广告？是美国120名最有钱的富豪，包括我们所熟悉的巴菲特、比尔·盖茨、索罗斯，以及洛克菲勒家族，等等。我们国人所熟知的这些富豪们同时签名，一致反对小布什总统的做法，他们认为小布什总统的做法是错误的，请美国政府来向他们征收遗产税。他们完全无法赞同美国总统的提议，他们认为取消遗产税将使得他们的后代子孙不劳而获。如果是我们，可能会觉得不劳而获很好，但他们说这是不对的，我们的子孙后代不劳而获，会使得我们这些人永远富有，而穷人永远是穷人，这违反社会的公平原则。这些有钱人讲的话，不像是他们讲的，而像是社会慈善家讲的。他们认为，取消遗产税的做法还将使美国政府在未来 10 年内，减少 8 500 亿美元的税收收入，而这会导致政府减少社会保障、教育等有利于国计民生的政策的推行。更可怕的是，如果免征遗产税以后，政府缺钱怎么办？那就有可能要向穷人征税，进一步造成社会不公平。

我再次提醒大家，这是美国 120 个最有钱的所谓既得利益者讲的话。他们说，这种政策将使慈善基金的运作受到影响，因为很多人可能会把钱留给子女，而不捐给慈善基金。因此这 120 个人坚决反对小布什总统的做法。要不是因为这 120 个最有钱的富豪游说美国参议院的话，这个法案在第一年就通过了。由于这些人的影响力让美国的参议员们受到了震撼，受到了影响。巴菲特讲的一句话最有意思，他说，美国政府取消遗产税是个非常可怕的错误，就好比挑选 2000 年奥运会金牌得主的儿子去参加 2020 年奥运会一样。不是挑选最优秀的运动员去参加奥运会，而是挑选上几届奥运会冠军的儿子、女儿来参加奥运会。也就是说，他们认为，他们如果把钱留给自己的子女，这些子女不一定是这个社会最优秀的人，由他们来掌管这些财产对国家是有害的。

因此他们愿意把钱拿出来，让美国政府有更多的经费发展教育事业，让社会上最有能力的人来继承这笔财富，这才是美国未来的立国之道。2007 年 6 月 27 日，巴菲特在希拉里竞选总统的筹款晚会上讲了一句话，大力抨击了美国政府的税收政策。巴菲特说，美国政府对于有钱人征收的税负太低，他本人 2006 年的收入为 4 600 万美元，个人所得税税率只有 17%。而他的秘书年收入只有 6 万美元，税率却高达 30%，他认为这是严重的不公平。

这就是美国人引以为傲的资本主义的灵魂。是什么呢？是对国家、民族、百姓的信托责任，他们认为他们作为富人，应该具有深切的民族责任感。他们的财富是取之于社会的，因为是社会给他们机会让他们发财，所以最后他们将还之于社会。

像比尔·盖茨，他只给他的子女留下 1 000 万美元以及一座大概价值一亿美元的家族住宅，其他的财产全部捐给慈善基金。巴菲特也把 80%～90% 的财产捐给了慈善基金。因为他们认为这是取之于社会，还之于社会。公益基金对于美国未来的发展关系重大，这就是美国。

2. 中国国企改革为何不尽如人意

信托责任是非常重要的。为什么我们的国企改革到最后不尽如人意？我发现，很多国有企业的老总，企业做不好就说是体制的问题，怪国家；企业做得好，就把功劳收归己有。我们很多媒体甚至很多学者说，国企老总做不好是应该的，为什么？因为钱太少了。2008 年上半年，"大小非"的问题冲击中国股市，刺激了广大股民，在股价不断大跌的情况之下，我们很多上市公司的高管竟然大量抛售股票。我想请问，这些人的信托责任在哪里？他们心目中有没有这 120 位美国富豪那么一丁点儿对国家、民族以及中小股民或者老百姓的信托责任，有没有？

我再问各位一句话，你们很多人身为企业家，知不知道自己目前的痛苦是什么？让我告诉你：第一，你本人可能是缺乏信托责任的；第二，你的员工一样是缺乏信托责任的。这么多年来，我们的老百姓被灌输的是什么样的观念？东西是自己的才能做得好，不是自己的就做不好。比如说国企，因为所有权不是你的，所以做不好。那怎么样才能做得好呢？送给你就能做得好了。这叫什么？这叫管理人收购。你要知道这种观念完全有悖于信托责任，这种观念最终的受害者就是我们的民营企业。想想看，公司虽然是你个人的，你有动力做好了，可是员工呢？公司属于员工吗？属于你的副总吗？

属于你的经理吗？属于你的工人吗？都不属于。我再请问民营企业家一句话，公司既然不是他们的，他们是不是就可以不做好呢？让我告诉你，民营企业最大的困扰之一就是员工缺乏信托责任。而企业家最大的问题是对员工缺乏信托责任，对国家、对民族也同样缺乏信托责任。这就是为什么很多民营企业家天天在骂，说员工从来不为他着想，他跟员工无法沟通。这一切是为什么？就是因为缺乏信托责任为基础，为灵魂。

二、美国垃圾债券风波

我以前讲这些话，有人认为我是在唱高调，等经济真正步入衰退，等你真正经历过这一切，你才会发现，我们这么多年来确实忽略了资本主义的灵魂。讲到这里，我相信大家已经具备了一定的基础，知道为什么会产生这次金融危机，或者叫金融海啸、金融大地震。其真正原因，就是华尔街的当权者缺乏信托责任，变得过于贪婪，而闯下了滔天大祸。

请大家注意一下，这样的事情已经不是第一次发生了，我本人在 1990 年的时候就经历过一次这种风波，当时叫做什么？叫做美国垃圾债券风波。什么叫垃圾债券？

背景提示

> 美国的债券都是有评级的，美国有两家权威的评级机构，一家是穆迪，一家是标准普尔。按照它们对债券评级的标准，最好是三个 A、两个 A、一个 A 或者三个 B，只有这种评级的债券才被称为投资级的债券。它们呼吁投资人只能投资这种投资级的债券。

除此之外的债券叫什么呢？叫垃圾债券。垃圾债券还有不同的评级，包括最好的垃圾债券和最差的垃圾债券。从 1990 年开始的垃圾债券危机，一直到这一次的次贷危机，其主要原因都是因为华尔街的大亨们丧失了信托责任，过于贪婪的结果。他们完全违反了过去的铁律，为了赚钱，将整个人类社会推到了这一页，利用各种方式推到了这一页。

1990 年，有一家在当时极负盛名的投资银行——德崇证券（DrexelBurn-ham）被美国政府清盘了。所以这家投行现在已经不存在了，但在当时是声名显赫的，非常著名的大投行之一。这家投行专门找那些信用欠佳的公司，比如说评级为 BB、B、C 这种信用不好的公司，帮它们发行公司债券。这些公司债券，当时学界就称之为垃圾债券。这些垃圾债券就由德崇证券承销，每做一笔交易可以收 1%～3% 的手续费。因此交易做得越多，德崇证券赚钱就越多。它已经完全忘记了自己这种做法将摧毁这个国家，摧毁这个民族。最终会伤害到多少老百姓？它不想，它一心一意只是贪婪地想赚钱，完全丧失了信托责任。做垃圾债券，垃圾市场，垃圾债券的市场。把这些垃圾债券大笔大笔地承销出去，卖给谁？卖给美国的储蓄银行。

最终没过多久，整个事件爆发出来，那时我已经取得博士学位了，正在纽约大学当教授。当时的风波并不大。因为真正买垃圾债券的，都是储蓄银行，所以造成了储蓄银行的大量倒闭。但是美国政府对于储蓄银行的存款账户是有保障的，10 万美元以下，都由政府来买单，因此当时没有发生大的金融危机，只是像打雷一样就过去了。德崇证券当场被调查、清盘，而德崇证券当时负责承销、创造垃圾债券的负责人，号称垃圾债券大王的迈克尔·米尔肯也被美国法院判刑，重刑 10 年，这场危机就这样消除了。

三、次级债的链条

这种贪婪所造成的危机，在当时并没有受到太大的重视，原因在哪里呢？在于美国政府这么多年的执政理念。尤其是因为当时美国联邦储备委员会的主席，也就是美国中央银行的总裁格林斯潘。格林斯潘这个人一向以自由放任为原则，他是不强调信托责任的，我相信历史会重新评判格老的功过。你不强调信托责任，只强调自由放任，你可以放任华尔街为所欲为，可是经过十余年的积累，这一次，事情可闹大了，为什么闹大？同样是投资银行，同样又违反了债券评级制度，又把全美国从投资级的债券推向了垃圾债券。

但这次的垃圾债券跟以前不同，以前是公司的垃圾债券，公司一旦清盘是非常麻烦的。比如说，对垃圾债券持有人而言，他们通常拿不到什么钱，因为银行贷款是需要优先赔偿的，银行贷款之后还有级别较高的借款人。垃圾债券排名非常靠后，因此对于一家倒闭的公司来说，一清盘之后所剩无几，垃圾债券持有人通常得不到赔偿。

这次不同，这次同样是由于华尔街的贪婪，但是它们搞出了新花样，转了一个大弯，让你看不出来是垃圾债券，并且创造出一个非常华丽的名词，叫做房地产抵押债券，说你买这个债券，有房地产替你担保，你不用担心。而且房地产贷款比例是70％，用100％的房地产来担保70％的债务，你还担心什么呢？你完全不用担心。但是我告诉各位，那只是一个幌子，一个招牌，其背后真正的意义是什么？次贷危机就是由此引发的。

这些贪婪之徒为了自己赚取手续费，竟然创造出了一个史无前例的次级债系统。在此之前，美国的债务系统是什么样的呢？美国是一个负债率很高的国家，美国家庭的负债比例之高令人震惊，占全美国 GDP 的 95％ 以上。美国的老百姓喜欢借钱，包括借钱买房子，用信用卡买汽车，等等。喜欢借钱并没有错，只要这个社会依然具有信托责任，借钱就没有问题。

以前大家是怎么借钱的呢？一群信用良好的人想借钱，比如要买房子或者买汽车，想借 10 000 美元。他们需要通过中介机构来借，中介机构要做什么？要负责收集材料，包括收入证明、税单等等，看借款人够不够资格借款，中介机构负责进行第一关的审核，它如果认为申请人够资格借款的话，就会把资料拿到下一关去，那就是银行。

银行根据这些资料，再进行第二关的审核，如果审核通过，银行就会把 10 000 美元贷给借款人，完成这个手续。在中国贷款的话就到此为止了，但美国不同，在美国还有后面的环节，从这个环节之后所衍生的金融产品就可以理解为衍生性的金融工具。后面是什么呢？那就是银行借出 10 000 美元，它就减少了 10 000 美元的资金，它就不好运作了。但是美国有非常发达的金融市场，所以银行可以把这 10 000 美元转化成债券卖掉，卖给谁呢？可以卖给投资银行，像美林等，或者卖给房利美和房地美。以房利美和房地美为例来说，房利美和房地美，简单地讲就是美国政府的事业单位，就是帮助美国老百姓买房子的。因此当银行把 10 000 美元债券卖给房利美和房地美之后，房利美和房地美就会再把它分割成面额 1 000 美元的债券，叫做房地产抵押债券。听起来很不错，很漂亮，这种债券是由房地产做担保的。而且真正的房地产贷款只有七成，相当于用十成的房地产来担保七成的债务，你还担心什么？好了，10 000 美元的贷款可以分割成 10 张债券，每张面额 1 000 美元，然后再卖出去。卖给谁呢？卖到美国的金融市场，外国政府可以去买，老百姓也可以去买。

那么保险公司在这个过程中承担什么职责呢？就是为这些 1 000 美元一张的债券提供担保，担保其会支付。而且这个担保的保单很有意思，保单还可以再卖，还可以再到金融市场上去卖出。

所以请各位想一想，这是多么复杂的一个体系啊，和中国相比，你知道它多了多少道环节吗？在中国是到银行就停止了，在美国是银行把 10 000 美元债券卖给房利美和房地美，房利美和房地美创造出 10 张面额 1 000 美元，总值 10 000 美元的债券。因此除了这些借款人借到的 10 000 美元之外，又创造出了价值 10 000 美元的债券。而这 10 000 美元的债券，还会由保险公司做担保，保证支付。作为担保的价值 10 000 美元的保单还可以再卖。这些叫做什么？这就叫衍生性的金融工具。这就是从一个简单的银行贷款中搞出来的花样。一个花样是债券，这叫衍生性金融工具。这个债券还可以通过保险公司做担保，再来一个衍生性金融工具，而且担保的保单还可以卖掉，到自由市场去交易，又一个金融工具。你看，10 000 美元的贷款后面有多长的一个链条。

甚至像雷曼兄弟公司，还有更多花样，比如信贷挂钩票据（Credit Linked Notes），是什么意思呢？就是把 10 000 美元的债券分割成 10 张小额债券，然后卖给台湾人或者香港人，这在香港叫做"迷你债券"，在台湾叫做"联动债券"。卖给他们的时候讲得很好听，不要担心，都有美国的房地产做担保，而且是十成的房地产担保七成的贷款，完全不用担心。现在呢？根据我查到的数据显示，台湾人买了 200 亿元人民币的债券，香港人买了 120 亿元人民币的债券。

买债券本来不是坏事，不会有问题。可是由于华尔街的贪婪，问题出现了。他们竟然创造出了一个新名词，叫做次贷危机。次贷，也就是次级债。什么叫次级债呢？就是原本不够资格贷款买房子的人，也让他们贷款买房子。财务报表不过关，家庭收入不足，税单也没有，怎么办呢？这些人要贷款的时候，中介机构就开始像我们中国的某些中介一样，伪造收入证明，伪造各种相关资料。

这种事情在我们看来很正常，因为我们的中介没少干这种事。但是在美国是不同的，请注意，大部分美国人，尤其是美国中西部的老百姓，大部分还是相信比尔·盖茨、巴菲特或者洛克菲勒等人这种所谓信托情怀的，没有人想到会发生这种事。所以当这些中介机构利欲熏心，丧失信托责任，再配合上华尔街的贪婪，于是就创造出了根本不该有的次级债系统。这些本来没有资格贷款买房子的人，被缺乏信托责任的华尔街鼓动来贷款，又碰上这些缺乏信托责任的中介机构帮他们造假，联合起来欺骗银行。

银行拿到这些资料之后，虽然还是尽责地去审核，可是各位，我们知道那都是假的，再审核都没有用，因此还是把 10 000 美元借给了这些不够资格贷款的人，然后按照过去的程序，把 10 000 美元的债券卖给房地美和房利美或者其他的投资银行。它们再将其分割成 1 000 美元一张的债券，卖给社会大众。然后 AIG 这个保险公司就进来了，还是一样给这些债券做担保，然后再把保单卖掉，非常完美的一条链条。

四、美国金融系统遭遇“三聚氰胺”

可是请各位想一想，这个链条发生了什么问题？整个美国这么高的负债体系，从此加入了“三聚氰胺”，这就是美国次贷危机的根源，“三聚氰胺”进入了这个系统。这个后果是极其严重的，我们自己也经历过“三聚氰胺”事件，我想请问大家，当你知道“三聚氰胺”事件时，你对于中国的食品工业有什么看法？你是不是完全丧失了信心？美国人遇到次贷危机，就是他们所碰到的“三聚氰胺”，使得美国老百姓对这一套资本主义系统的信心完全崩溃。

信心一旦崩溃就完了，因为信心是金融系统得以维系和成长的关键，包括保险公司、银行都是一样。你想一想，为什么香港地区的老百姓会去挤兑东亚银行？谣言一出来之后，大家心生恐慌，都去挤兑，挤兑的结果就是银行倒闭，这是一定的。保险公司也是一样的，如果公众对保险公司丧失信心，也来一个某种形式的挤兑，比如撤销保单之类的，你就扛不住。所以说信心危机是非常严重的，而信心危机的来源，并不是高负债，因为高负债一直是美国的传统，而是高负债之下，大家发现负债里面竟然有“三聚氰胺”。

好了，这些次级债的借款人当中，有 20% 是支付不起利息的，当他们无法再支付利息之后，整个链条随之一环一环往下传递，你会发现房利美和房地美竟然收不到这 20% 的借款人的利息，它们怎么办？只能违约，违约之后怎么办？倒闭。于是美国政府被迫注资来挽救房利美和房地美。

那么保险公司 AIG 呢？简单来说，它要担保这些债券能够支付，如果 20％ 的人不能支付，那 AIG 就要替他们支付。可是保险公司怎么能够应付这么大批量的支付？做不到。因为保险公司有一个重要的原则，叫做大数法则。所谓大数法则，就是说保险公司需要有很多的投保人，比如说，假设我有 10 000 个投保人，如果有七八个人出事需要理赔的话，那没问题，我可以承担得了，赔偿这七八个投保人是没问题的。但是如果 10 000 个投保人里面有 5 000 个出问题的话，那就完了，保险公司就崩溃了，这叫什么？这叫系统风险。保险公司最怕系统风险。

比如说美国的飓风如果一下子吹到佛罗里达州，把佛罗里达州的房子全部吹垮的话，其后果会是什么？是当地的保险公司全部倒闭。为什么？就是因为系统风险。本来有 10 000 栋房子，七八栋被吹垮你可以赔得起，如果 8 000 栋房子都被吹垮的话，你怎么可能赔得起？赔不起就只有倒闭。所以说保险公司是扛不住系统风险的。可是像这样 20％ 的借款人无力支付利息，是会造成系统风险的，有可能导致美国最大的保险公司 AIG 的倒闭，所以美国政府注资 850 亿美元帮它去还债，还是不够，那就继续注资。为什么？因为 AIG 不能倒闭，它手上握有多少美国人的保单啊，它如果倒闭的话，后果是不堪设想的。保险公司是绝对不能倒闭的，所以美国政府不断地帮，不断地帮，不断地帮。

五、美国政府为何不救雷曼兄弟

可是你想一想，这个事情还没有完，而且美国政府的做法很有意思，它决定不帮雷曼兄弟公司。为什么美国政府帮这个、帮那个，却不帮雷曼兄弟公司？这里有些资料，《纽约时报》曾经刊登过一篇文章，说雷曼兄弟公司的首席执行官理查·富德是天字第一号的贪婪之徒。

1. 雷曼高管们的贪婪

理查·富德从 1993 年到 2007 年总共获得了 5 亿美元的薪水，2007 年一年的年薪为 4 500 万美元。更可恨的是什么？当雷曼兄弟公司出现危机之后，英国的巴克莱银行想出资 17 亿美元，收购已经亏损 20 亿美元的雷曼兄弟公司。你知道雷曼想怎样吗？你一定不敢相信，雷曼的八名高级主管竟然要求支付给他们 25 亿美元的红利，你能相信吗？你能相信世界上会有这种人吗？你们这些高管把公司都搞垮了，别人来帮助你，来收购你的公司，你的公司已经亏损了 20 亿美元，收购金额也不过 17 亿美元，你们这八位高管竟然要求对方再给你们 25 亿美元，怎么会有这种事？这就是雷曼兄弟公司做出来的事。

这件事情一曝光，老百姓会怎么看这些贪婪之徒，他们心中哪里有国家、民族？哪里有中小股民？全都没有，有的是什么？有的只是贪得无厌。

2. "金色降落伞"

然后媒体又开始骂美林公司的首席执行官欧尼尔，他 2007 年拿多少年薪你知道吗？1.06 亿美元。却把美林带入了绝境，这就是华尔街的贪婪。这种贪婪让美国老百姓感到不可思议。就好像我们完全无法理解为什么有人会用三聚氰胺去害小孩子，我们无法理解。美国的老百姓大部分是具有像前面提及的 120 位企业家那种情怀的人，他们根本无法理解，华尔街怎么会出现这种人渣，他们无法理解，人家来救你了，你居然还要求给你 25 亿美元，他们甚至很难相信这是真实的报道。

你可能会感到意外，为什么是 25 亿美元？他们有什么资格要求？这就是美国制度中一个很奇怪的现象，叫做"金色降落伞"制度。所谓"金色降落伞"制度，就是因为在美国的公司当中，有很多收购或兼并的案例，比如说 A 公司要收购 B 公司，B 公司的股价可能就会大涨，甚至涨个 20％、30％，因此这对于 B 公司的股东来说是有利的。可是 B 公司的首席执行官等高管却很可能会失业，因为根据数据显示，在 A 公司收购 B 公司之后，通常在一年之内就会把前 B 公司的高管们给炒掉了。所以这些高级主管不愿意公司被收购，虽然收购会对他们的股东有利。这些高管们为了自己的私利，就有可能会从中作梗，因为他们怕自己失业。最后股东没有办法了，怎么办？于是设计了"金色降落伞"制度，如果公司被收购的话，保证给高管们一顶"金色降落伞"，让他们平平安安跳出去。那么，到底什么是"金色降落伞"呢？就是指公司一旦被清盘或者收购之后，高管可能会失业，但是他们可以带走几千万甚至上亿美元的钱，回家休息去吧。也就是说，美国的公司股东们怕这些职业经理人阻挠收购案，因此给他们一个"金色降落伞"的奖励。对一个职业经理人来说，你给他个 8 000 万美元或者一亿美元，与股东所获得的利益相比只是九牛一毛，股东甚至有可能获得上百亿美元、上千亿美元的利润。

雷曼兄弟公司的八名高管就是根据"金色降落伞"条款，要求按照合同约定给他们 25 亿美元。本来公司被收购，股民得到利益之后给你一个"金色降落伞"是没问题的，因为毕竟钱不多。可是现在不一样，现在是雷曼的股价大跌，几乎为零了。股民已经损失得无法想象了，你还要按照合同执行"金色降落伞"条款。巴克莱银行用 17 亿美元收购你亏损 20 亿美元的银行，你还要求 25 亿美元的赔偿款做你的"金色降落伞"，这势必激起美国全民的公愤、痛骂，没有良心的华尔街。

这个没有良心的华尔街，这种压力简直让国会议员们吃不消，大家都吓死了。因为大家都需要看选票，如果全美国的选民，全美国的老百姓对这群丧失信托责任的华尔街的贪婪之徒如此痛恨的话，就会让美国的议员们很难投票。所以这一次美国政府提出了 7 000 亿美元的救市方案，一送到众议院，众议院的议员们心里就凉了，不知道该怎么办了。很多人在选民的压力之下不敢投赞成票。共和党提出的议案，最后我们竟然发现，共和党的议员大部分都投了反对票。为什么？因为共和党在美国历史上一向被认为是富人的党，而民主党则被认为是穷人的党，这些富人的党的民意代表、议员们为了平息众怒，不敢投赞成票，因此共和党的大部分议员都投了反对票，这就是美国 7 000 亿美元救市方案没有通过的原因。

可是之后发生的事情，严重得无法想象，7 000 亿美元的救市方案未获通过，美国股市随即大跌。美国那么多平民老百姓的退休金，基本上都放在了美国股市里，股市大跌的结果自然会殃及这些无辜的老百姓，在这种压力之下，美国政府又说话了，看吧，看吧，你们不投赞成票，老百姓不支持我们，什么结果呢？大家都玩完了。以此来威胁老百姓，而在这个时候股价一直下跌，老百姓没有办法了，于是反对的压力慢慢减轻了，因为情况实在太严重了。

六、工商链条时代

什么叫情况非常严重？我今天提出一个新的观念，我在别的地方没有讲过的，那就是美国和中国，我们都已经进入一个前所未有的工商链条时代。什么是工商链条时代？就是当一个部门出现危机之后，危机会冲击到其他部门，产生多米诺骨牌的连锁效应，不会停止。所以今天摆在全美国老百姓面前的，是这样一个抉择：美国政府说，华尔街缺乏信托责任，是一群贪婪之徒没错，好，那你救不救它？你不救它，AIG 倒闭，雷曼倒闭，美林倒闭，全部倒闭。它们倒闭的结果是冲击到下一张骨牌，是什么？是失业率上升；再冲击下一张骨牌，老百姓信心丧失；再冲击下一张骨牌，消费大幅减少；再冲击下一张骨牌，生产受到影响，破产案增加。之后再冲击下一张骨牌，失业率继续增加，消费继续减少，从此形成恶性循环，造成全国经济衰退。

因此，虽然根源是由于华尔街缺乏信托责任、贪婪，才导致了这一切严重后果，可是最终的买单者一定是老百姓。因为这些家伙早就赚饱了。你看这位美林的首席执行官一年赚 1.06 亿美元,他在乎什么? 他们最多是损失了 20%,还有十几亿美元在手上。可是我们如果损失 20%,那是不可想象的。因此对他们来说,这种惩罚是很小的,无所谓。可是对于整个社会大众来说,这种工商链条一旦崩溃,将造成前所未有的经济大衰退,造成大量人口失业,老百姓就会成为最大的受害者。因此,美国老百姓在两害相权取其轻的原则之下,终于同意了美国政府的救市方案,同意救这些华尔街的贪婪之徒。

但是这种救市,有它新的经济意义存在,我认为这一点是很值得我们讨论的。那就是美国政府在美国联邦储备委员会主席伯南克和财政部长保尔森的指导之下,创立了前所未有的新思维,这种新思维必定会通过我们这个节目以及我个人的演讲,对我们中国政府产生重大的冲击,那就是设立防火墙,斩断工商链条。这是什么意思呢? 那就是利用大量的资金直接救助这些金融机构,替它们买单,不能让它们倒闭。只要能够让这些金融机构不倒闭,那么就不会产生多米诺骨牌效应,这就为实体经济设立了防火墙,救了美国的实体经济。所以,救市虽然表面上是救这些贪婪之徒,实际上真正救的是美国的社会大众。

七、资本主义遭遇信心危机

好了,这个理念国会议员理解了,老百姓也理解了。美国提出 7 000 亿美元的救市方案,欧洲提出 2 万亿美元的救市方案。并且美国跟欧洲联手,全球降低利率,让银行不但拿到钱,而且拿到更低利率的钱,把大量的钱,又称流动性注入银行系统,帮助银行系统活络。

请各位设想一下,当这么多的钱被注入金融体系,以设立防火墙,斩断工商链条的时候,全球股市将做何反应? 暴跌,一个星期之内美国股市就跌了 20% 多。你知道美国股市从 2008 年年初到 10

月份下跌了多少？美国股市的总市值蒸发了 8.5 万亿美元，也就是说，差不多相当于中国 2005 年、2006 年、2007 年的 GDP 的总和。美国股市这么一跌的结果，相当于把中国三年的 GDP 跌没了，就跌这么多，全球股市大跌，想想是为什么？斩断工商链条很好，设立防火墙，保护老百姓。可是请读者想一想，"三聚氰胺"导致的后果是什么？导致了资本主义体系严重的信心危机。

在这方面，我对我们政府的做法提出一个新思维，就是政府将政府信用注入奶品行业，以弥补我们信心的丧失。"三聚氰胺"事件发生之后，政府出面解决问题，除了撤换官员之外，还以政府的信用做担保，由政府来做检验，对所有奶制品逐一检查，哪些过关哪些不过关，立刻公布出来，这才让我们老百姓对食品工业尤其是奶制品工业重新树立了信心。

让我们类推一下，为什么在美国政府救市之后美国股市反而大跌？因为所有的股市参与者，虽然理解这种防火墙的作用，理解斩断工商链条可以保护老百姓，可是大家都对资本主义丧失了信心。当这些银行拿到救济款之后，它们不敢借出去了，它们在想，如果我把这些钱借给大企业做短期融资，企业最后不还的话，我怎么办？金融体系得以存在的理由就是信用，如果没有信用的话，这个系统马上就会崩溃。现在这些银行拿到钱之后不想借给企业，它们怕企业不还，它们甚至不想拆借给同业银行，因为怕它们倒闭，也怕它们不还。因此整个国际市场弥漫着一种不信任的气氛，有钱也不往外借。所以空有流动性，空有钱，整个短期融资市场一潭死水，大家都不往外借钱。

我们看中国内地的新闻报道以及专家学者的讨论，基本上很多都是在胡说八道，根本没搞清楚状况，完全没有理解这种全球股市大跌的根本原因，就是大家对资本主义产生了信心危机。你知道这会导致什么结果吗？全世界的经济将会在一两个星期之内全线崩溃，你想一想，大企业借不到短期融资如何发薪水？如何购买原材料？如何开工？银行借不到短期拆借，它如何经营？它都会有倒闭的危机。因此短期融资市场一旦变成死水一潭，结果就是美国的工业、商业全线崩溃。而且美国的老百姓就再也领不到薪水了。这个后果是不堪设想的。这就是2008年10月初全球股市大跌的主导因素。

这种现象几乎已经发生了。我们还老在说，我还没搞清楚怎么回事，外面已经波涛汹涌了。我可以告诉你们的是，那种情况之严重，绝对会超过美国1929年经济大萧条，全球经济将立刻全线崩溃，这是一定的。把各国政府吓死了，不知道该怎么办。结果英国政府首先发难，当然它不是学习我们中国，它的方法和我们对付"三聚氰胺"是一样的，你们猜猜是什么方法？

八、全球社会主义化

英国政府的方法是利用政府的信用，来弥补老百姓对于资本主义信心的崩溃。因此从英国首相布朗开始，实行了金融机构国有化。我常常开玩笑说，我觉得我们实在和国际不接轨，我们在忙着搞金融机构民营化的时候，全世界都开始搞国有化了，实在太有意思了。英国首相布朗本来名望极低，老百姓对他并不信任，但是经过这次金融机构国有化之后，布朗的支持率暴涨，因为他为资本主义注入了一个前所未有的元素，那就是政府的信用，和我们政府对付"三聚氰胺"是一样的方法。

美国政府一看，我们是不是也应该这样做？因为美国一直强调自由放任，不希望政府过多干涉。里根总统甚至讲过一句话，他说政府不能解决我们的问题，因为政府本身就是问题。里根是共和党人，共和党的执政理念就是政府不要干涉，所以看到英国政府这样做，把银行国有化了，美国政府也急了，到底该不该这样做呢？于是很多人开始批评美国政府了。要搞清楚，现在的状况就好像有个人因为吸毒过量被送到医院去，问题是要不要救他。你是不是应该先把他救活，再来讨论他的吸毒问题？还是根本不救他，你说不能救，万一把他救活，是不是鼓励更多人吸毒？美国政府脑筋短路了，

第二章　国际金融危机的本质

029

不知道为什么。它就是这样想问题的，如果我把你救活的话，是不是鼓励更多人吸毒。而英国政府在想什么呢？它想，我不管什么原因，先救活了再说，因此英国实行了金融机构国有化。

美国政府慢了半拍，保尔森因为这件事情被索罗斯骂得要死，水平不够，为什么不赶快救市？国有化！国有化！同志们！现在开始了，全球国有化。包括收购股权，它们甚至还做了一些我在两年前呼吁我们政府做的事情，不但把银行国有化，甚至直接注资，直接帮助大企业，缺什么给什么，缺人给人，缺钱给钱。为什么？设立防火墙。这一系列做法，包括金融机构国有化，包括收购股权，包括直接注资，同时把这些投资银行，包括摩根士丹利和高盛全部改制为商业银行。因为你要接受美国政府的援助就必须是商业银行，它们为了得到美国政府的资助，投资银行也不干了，转成了商业银行。因此，《纽约时报》的财经评论家诺立斯（Floyd Norris）最近宣称，美国正在实行 21 世纪的社会主义。全球社会主义化？很有意思。

这一招后来证明是有用的，因为它止血了，从而造成 10 月中旬全球股价大涨。我们还有很多人没搞清楚状况，我再告诉各位，这是最后一招。我可以明确地告诉你，这是最后一招。如果这一招都不灵怎么办？请你告诉我。如果老百姓还是不吃这一套，不相信政府的信用怎么办？我很简单地，也很清楚地告诉全国老百姓，没有下一招了。这一招如果不管用就完了。各国政府是怎么告诉银行的呢？兄弟们，借钱给大企业做短期融资，没问题，它们要是不还，我替它们还。政府一出面拍胸脯，银行放心了，保险公司放心了，大家都放心了，于是把钱借出去了，因为有政府信用在后面做担保。这就是为什么你们现在还敢喝牛奶的缘故，因为有中国政府的信用在后面做担保，如果连政府信用都没有了，你就不敢喝牛奶了，它们就全崩溃了。

九、大衰退会持续多久

经过国有化之后，全球股市立刻大涨，因为暂时止血了。当然有很多朋友问我说，郎教授，你看这个冲击所造成的经济衰退会持续多久，明年会不会转好？我告诉你——不会。为什么不会好呢？我不需要讲经济理论，我讲一个简单的道理你就懂了。

今天全世界的金融系统得了肺病，得了肺炎。我们常说"病来如山倒，病去如抽丝"。这个家伙得了肺炎，我们给它治，7 000 亿美元、20 000 亿美元的注资，是什么意思呢？就是打大剂量的抗生素。终于让这个家伙没死，可是已经濒临死亡边缘，现在是奄奄一息。目前国际金融市场正处于奄奄一息的状态，还在打抗生素。你要想一下，等它好起来，像过去一样，你知道要花多少时间吗？病去如抽丝，而且它以前虽然看起来好像身体很好，其实是虚胖。一个虚胖的家伙又得了肺炎，打了大剂量的抗生素，你可以想象，它要花多少时间才能复原。

十、大衰退前夕的投资策略

在这一次金融危机中，全世界前五名最大损失者是谁？第一名，资产损失率高达 91%，损失 249 亿美元，是美国的"赌王"，拥有澳门金沙集团，是金沙集团的赌王。他的资产损失率高达 91%，远远超过我们的广大股民。所以大家心里可以好过一点，大衰退之下无人可以幸免。你们猜第二名是谁？控制沃尔玛的沃尔顿家族，资产减少了 211 亿美元。第三名是谁？全世界最会炒股的人，巴菲特。巴菲特目前损失了 163 亿美元，排名全世界第三，其资产损失率为 25%。第四名是谷歌的创始人，损失 121 亿美元。第五名，也是我们很熟悉的，比尔·盖茨，损失了 120 亿美元，资产损失率高达 40%，这是外国人。再看一看我们香港的四大天王。第一大天王李嘉诚，损失了 1 843 亿港元；郭炳湘兄弟损失了 805 亿港元；李兆基损失了 486 亿港元；郑裕彤损失了 345 亿港元。

在这种大衰退之下，我请全国股民注意一件事，请不要问我，郎教授，我该投资什么资产可以赚钱？在这个时刻，大衰退之中能够不赔钱，就是一等一的高手。

我从 2008 年年初开始，就告诉你要抛股票，包括抛港股，抛 A 股股票，只是你不听。为什么呢？因为有幻想，你们都有幻想。在这个时刻，千万不要做没有对冲的投资，股票市场缺乏对冲。要做什么投资呢？比如说外币投资。你不要问我说，郎教授，黄金走势会怎么样？我可以跟你讲，没有人知道。因为这个走势操控在美国政府的手中，你根本无法预测。

前一阵子大家都赌美元会跌，因此所有的汇率投资都买黄金、欧元、澳元、加元。结果做梦也没想到，美国政府突然发飙，来了一个国会听证，整治这些国际炒家，尤其是炒石油的炒家。国会听证一下来，把这些炒家们吓坏了，结果呢，油价从 147 美元一桶猛跌到 60 多美元一桶，美元强劲反弹，其他货币全部贬值，因此全世界都赔了钱。我现在告诉你，你投什么赔什么，你信不信？你买股票赔，买房地产也赔，你买任何货币都会赔。因为美国政府的举措是你完全无法预测的，因此我奉劝各位，如果你想保值的话，那么买 100 块钱的欧元，你就要买等值的美元做对冲。这样可以保证你不赚钱，因此也就保证你不赔钱。没有对冲的投资千万不要做，在这一刻，多积累可以对冲的现金，少做投资。因此对于未来的投资决策，送你两个字：保守。

现金的对冲可以解决汇率的风险，但是无法解决通货膨胀的风险，因此对冲后的现金也会因为通货膨胀而贬值。因此应该拿这些对冲后的现金再与可以抵御通货膨胀的资产做对冲。以韩国、日本以及中国台湾等几个国家和地区为例，在 10 年以上的长时期内，地产有可能可以抵御通货膨胀，但我不知道中国内地的地产有没有这种特性。假设有的话，可以考虑拿这些对冲后的现金再和地产对冲，以降低通货膨胀的冲击。读者可能要问我，郎教授，地产价格不是一直在下跌吗？我说太对了，但我想反问你，目前除了郎教授的讲课费之外，什么东西不跌啊？因此读者应该考虑对冲而不要考虑价格的问题，因为什么都在跌。

第三章
金融危机对实体经济的冲击

楼市泡沫、股市泡沫的本质只是制造业的回光返照。

中国的救市政策必须斩断工商链条。

真正的冲击来自消费形态的改变。

会做风险管理的公司才是好公司。

观　众：早就听说郎教授的口才非常好，今天面对面地倾听，的确非常了得。郎教授刚才忠告我们观众的这些话，也绝对不是危言耸听，大家不要当儿戏。我想今天次贷危机从美国的星星之火，发展到全世界的燎原之势，就像郎教授所说的，美国可能是从次贷危机爆发，殃及投行之后再到保险公司，最后可能会危及实体经济。那么我想，中国好像有点儿异样，在国外洪水滔滔的时候，中国好像有一点岿然不动的感觉。可能目前在江浙地区、珠三角，甚至香港地区，有一些外向型的企业，倒闭风潮愈演愈烈。在我们中国，这种风潮是不是会从实体经济开始，逐渐蔓延到金融机构，甚至金融机构背后，国家的体制？就像郎教授说的，国外现在尝试着社会主义模式，这个我也看了一个报道，好像是说最近国外马克思的《资本论》非常畅销。因为我是做养老金的，像郎教授说的，建立在一种信托模式下的养老产品。我就想问一下郎教授，美国五大投行倒了，类似 AIG 这样的大型投保机构接下来会不会被波及？而我们国内的保险机构会不会被波及？

一、泡沫的本质——制造业的回光返照

在上一讲的结尾，我给各位提了一个醒。那就是在 2008 年 10 月初的时候，当全球股市大跌的时候，我们中国的股市跌得更凶，别人跌一天，我们跌三天。而到 10 月中旬全球股价大涨的时候，我们比别人涨得少，别人涨三天，我们涨一天。这是为什么？似乎我们整个舆论还认为老天保佑，好像金融危机是别人的事一样，我们好像没什么事，过得还挺轻松，有点像 1997 年时的感觉，日子过得挺好。你相不相信"山雨欲来风满楼"这句话？你相不相信"黎明前的黑暗"这句话？我们把事情看得太简单了。

你想一想 AIG 是什么水平？AIG 这种公司都扛不住系统风险。连 AIG 都扛不住的系统风险，你要求我们的保险公司来扛，这本身就是一个危机。请大家再想一想，你认为国际金融危机冲击不了中国吗？在此我必须告诉各位，你错了！

我们每一个人都承认我们改革开放的成功。我们也对我们每一年 10% 的经济增长率给予极高的评价，我本人也是如此。但是我们不能够逃避问题，不能够活在过度乐观的幻想当中。未雨绸缪一向是治国的经典原则，我们情愿把情况设想得最糟糕，也不能过于乐观。因为最糟糕的情况万一出现怎么办？把事情往坏处想是不会错的。

请大家想一想，为什么我们 2007 年会有股市泡沫和楼市泡沫？你以为这是因为我们经济发展很成功，老百姓更富裕了，因此去炒股、炒楼，所以造成的泡沫？也就是我们很多学者所谓的流动性过剩，什么叫流动性过剩？手上的钱太多了，钱太多以后就拿去炒股，于是产生股市泡沫；去炒楼，于是产生楼市泡沫。所以宏观调控是什么意思呢？就是把过剩的流动性收回来。当然我们这两三年来对这个问题一直有不同的看法，我们中国政府最近从 2008 年 10 月份开始，整个宏观调控的思路已经有很大的转变，我不否认这里面有我的影响，对这一点，我是乐观其成的。

可是你有没有想过，股市泡沫、楼市泡沫的本质是什么？首先我给各位一个新的观念，中国从10年前开始，已经从过去的农耕时代进入了今天的工商链条时代。当一个部门产生问题之后，它会产生多米诺骨牌效应。美国、欧洲政府为什么要救市？它们的目的就是设立防火墙，以直接帮助金融机构，来斩断工商链条。否则金融危机下一步导致消费危机，信心危机，销售危机，生产危机，再到消费危机……形成恶性循环。

顺着这个思路，我请大家想一想，股市泡沫、楼市泡沫有没有可能是第二张骨牌？那么，第一张骨牌是什么？那就是中国的制造业危机，中国的危机跟其他国家不一样。我们今天不但有国际金融危机的压力，我们本身还有制造业危机，而这种制造业危机在欧美各国是没有的。这就是为什么我们的股市表现这么差，别人涨我们涨得比别人少，别人跌我们跌得比别人凶，就是因为我们的问题比别人多。而我们的股价和楼价为什么这样下跌？原因是我国经济的基本面出现了问题。是什么问题？我告诉各位，我们的股市泡沫、楼市泡沫之所以产生，就是因为我们没有在制造业产生危机的时候斩断工商链条，设立防火墙。我在2007年就提出了这个理论，2008年都得到了验证，那就是我们制造业所面临的投资经商环境不断恶化，因此，我们的企业家将很大一部分应该投资于制造业的钱没有用于投资，而是拿出来炒股、炒楼去了，从而造成了股市泡沫和楼市泡沫。

我说过一句话，现在已经得到证实，楼市泡沫和股市泡沫的本质只是制造业的回光返照，因此不可能持久。并不是由于经济发展更好了，老百姓更富裕了，所以有更多的钱去炒楼、炒股。不是这样的，实际情况是由于制造业的危机挤压出大量的资金，进入楼市和股市，从而造成短期的泡沫现象。这就是为什么我一再呼吁大家赶快抛股票，原因就在这里，因为这是短期的回光返照现象。那么为什么股价和楼价持续下跌呢？因为股价和楼价的真正决定因素是

第三章　金融危机对实体经济的冲击

我们的经济基本面，而我们的经济基本面是 70％以制造业为主的基本面。如果制造业持续衰退，事实上，到 2008 年年中为止，广东、浙江的制造业企业倒闭比例已经高达 30％，而且这个数字还在继续攀升。到 10 月中旬，广东东莞何俊制鞋也倒闭了，6 000 多名工人失业。我们已经发现大型制造业也开始受到冲击，这种冲击还会随着时间的推移而愈演愈烈。

这种制造业衰退的现象，就是我国楼价和股价从回光返照趋于所谓正常的一种反映，什么叫正常？那就是股价和楼价随着经济的持续下滑而下滑。而这也正是为什么在 2008 年 5 月份的时候，我在媒体上发言，呼吁全国股民不要相信奥运行情。各位要知道，敢讲没有奥运行情，不但需要两把刷子，还需要胆识。为什么呢？因为历史上所有奥运主办国的股市都在奥运会之前大涨，奥运会之后大跌。为什么我敢肯定地说中国的股市在奥运之前必跌呢？原因就在于楼市和股市的所谓回光返照现象，既然是回光返照，必定是短期的，长期一定会因为作为中国经济主体的制造业的衰退而随之衰退。

二、中国救市必须斩断工商链条

回头分析一下，我们可以发现，第二张多米诺骨牌本来是可以避免的。如果两年之前我们就能够像欧美政府一样，在制造业出现问题的时候立刻切断工商链条，设立防火墙，用我们最大的能力和资源，就像我们政府现在所做的一样，包括提高退税比例，给予融资优惠以及各种税收减免，让问题在制造业内部得到解决，只要能够解决制造业的问题，这笔资金就不会流出来冲击楼市和股市，也就不会有这么严重的泡沫现象，不会有那么多股民被套牢，不会有那么多中产阶层被"消灭"。这一切问题的原因是什么？是我们的政府没有搞清楚救市的观念。我们还停留在哪里出问题救哪里的观念，比如说楼市出问题救楼市，股市出问题救股市，这还是头痛医头、脚痛医脚的方法，这是错误的。

今天我要告诉我们的政府官员，以及全国的企业家，我们已经进入一个前所未有的工商链条时代，所谓的救市，它的本质意义就是设立防火墙，斩断工商链条。如果不斩断，工商链条一旦崩溃，其他的实体经济马上就会受到冲击。所以楼市和股市泡沫产生的根本原因就是我们没有设立防火墙，而在泡沫产生之后我们还是没有设立防火墙，因而造成楼市衰退、股市衰退。你再不设立防火墙，还会冲击老百姓的信心，消费就会受到影响，继而生产就会受到影响，包括内销企业在内都要面临倒闭的风险。举个例子，我们最典型的内销企业是什么？是桑拿、洗脚、按摩，绝对不是出口的，是纯粹以内销为主的，在我讲的工商链条的冲击之下，它们跟国际金融关系不大。根据我最近做的实际调查，我特意跑去洗脚，我问他们，老板最近生意如何？老板说别提了，最近生意少了 20%、30%。这说明什么？我们的内销企业也产生了危机现象。而这个危机现象之所以产生，是因为整条工商链条的崩溃，因为我们想救市，却不太会救市。

我们需要一个新的救市观念。那就是问题出来之后，寻找前面的根源，斩断工商链条，设立防火墙。这就是为什么 2008 年 3 月份我呼吁政府解救股市，原因就在这里。你不救股市，下一步是什么？下一步是信心危机，之后消费危机、生产危机都开始出现了。政府有没有救呢？有，而且救市的力度还挺大，包括修改政策、保证投资等等。可是为什么越救，股市越跌？并不是因为政府做错了什么，而是整条工商链条的崩溃会带领楼市和股市下跌。还有媒体朋友问我，郎教授，你看楼市会不会跌到成本价？我说你把经济衰退看得太简单了，如果只是跌到成本价的话，你大可以放心。我告诉你，香港的楼市一跌，一下子就跌掉了 60%、70% 多，跌到成本价以下。楼市跌起来是没有底的。我们今天就怕这种现象发生，因为楼价下跌的下一步是什么？各位想一想，断供。工作都没有了，你拿什么还贷款？而且楼市下跌这么多，就算你把房子卖了去还贷款，也还不起。比如你是 100 块钱买的房子，现在跌到了 40 块钱，你的贷款是 70 块钱，就算你把房子卖了，也只能拿回来 40 块钱，还欠 30 块钱的贷款。

因此很有可能就会发生像深圳地产行业那样的断供现象，大家索性不还。再加上这种工商链条的崩溃会产生大量的失业，工作都没有了，哪里还有能力去还贷款。那么下一步是什么？下一步就是跟美国一样，房地产泡沫导致的金融危机就来了。因此我再重复一遍，中国是由制造业危机引发的楼市泡沫和股市泡沫，导致楼价和股价大跌，失业严重，使得断供现象发生，造成金融危机，金融危机又跟美国挂钩。因此我们是制造业危机加上金融危机，还有国外的金融危机。这就是我们的股市表现如此之差的原因所在，因为我们的危险要比美国多得多。在这个时刻，竟然有很多人很乐观地说，我们不会有问题，我们应该去帮助美国，我们应该投资美国，帮助美国，帮助欧洲，我们很牛。帮这个，帮那个，我建议大家先帮自己是真的。多存点钱准备过冬，因为就算没有国际金融危机，我国的制造业危机本身就足以让我们的工商链条整个断掉，而且这已经发生了。

三、真正的冲击来自消费形态的改变

欧美金融危机对我们的冲击开始了吗？刚刚开始，真正的冲击还没有开始。让我告诉各位这是为什么，因为欧美金融危机会对我们造成两大冲击。第一个冲击，如果它们的防火墙失败怎么办？如果它们的防火墙失败，它们的工商链条全线崩溃的结果是信心危机产生，消费减少，破产，失业，信心危机，消费再减少。而消费减少这一部分将直接冲击到我国经济。请各位想一想，我国经济跟欧美国家挂钩有多紧密，你知道吗？我们中国的经济存在生产过剩，各位又知不知道？在整个 GDP 当中，我们本国的消费只占 35％。而我们中国制造业的产能是多少？占 GDP 的比重是 70％。也就是说，我们还有另外 35％的产能，叫做什么？叫做生产过剩，也就是我们消化不了的产品。这部分生产过剩由于欧美各国传统的负债消费形态，而帮我们吸收掉了。比如，美国家庭负债消费比例占其GDP的95％以上，这种靠借钱消费的模式，把我们中国35％的过剩产能吸收掉了。因此我们的出口就能够成为经济发展的"一驾马车"。

请各位想一想，我们GDP的35％就是这样被别人吸收的，在这种情况之下，欧美各国的防火墙一旦破裂，这种冲击将使我们的出口受到沉重打击，那是占GDP 35％左右的打击，你能想象得到吗？那对我们中国的冲击是不可小视的，这是第一个冲击。

第二个冲击，就算欧美国家的防火墙成功地截断了工商链条，欧美经济开始复苏了，可是你有没有想过欧美各国经济体系中的"三聚氰胺"会产生什么效果？想想我们自己对牛奶的消费，你有没有发现，"三聚氰胺"事件过后，虽然我们政府出面解决了问题，重建老百姓的信心，可是你去喝咖啡的时候，你还是几乎不敢加奶精，你甚至不敢喝奶茶了，甚至你的小孩也不敢喝我们自己生产的奶粉了。我们对于奶粉的消费会由于"三聚氰胺"的影响而下降。同理类推一下，欧美各国，会不会因为金融系统中的"三聚氰胺"，而使得消费形态本身发生改变？什么样的改变呢？大家不再负债消费，而开始量力消费。如果这样，那就完了。你知道这将减少多少消费吗？欧洲人就不讲了，我们就看美国人，美国人将减少0.7万亿美元的消费支出，这是什么概念？中国的整个出口不过1万亿美元。你担不担心？消费形态的改变是第二个冲击，2008年11月11日左右，美国财长保尔森突然宣布7 000亿美元将要救助信用卡、消费贷款和学生贷款的单位，很明显这些都是负债消费的主要群体，显然他们也出问题了，而且似乎也是"三聚氰胺"的问题。可以想象在"三聚氰胺"的冲击之下，未来美国人的消费形态极有可能改变。

当然了，有没有可能一切都很美好？比如说防火墙生效了，而且美国人对于"三聚氰胺"无所畏惧，继续高负债消费，这当然是最好的情况了。但是，对于企业家而言，对于我们的政治家而言，不能假设最佳情况，你要假设最坏的情况。等到这个时刻来临，就会从金融业直接冲击到我国制造业的实体。而且你不要忘记，我们的制造业本来就有危机。可是工商链条没有斩断的结果，就会导致这个连锁反应冲击到其他部门。再加上国外防火墙可能破裂，以及负债消费形态的改变，这是我们即将面对的现实情况。我想请问你，你紧不紧张？在这种现实情况的压力之下，你该怎么办？我想给我们的企业家，以及我们的股民、我们的老百姓提出两个方案。

四、会做风险管理的公司才是好公司

先说企业家，我们中国的企业家只有个人艰辛的奋斗历程，而缺乏大衰退的洗礼。因此大多数人积极性有余，保守性不足。我举个例子，我们上市公司的平均资本负债比例是多少？100%～300%。所谓资本负债比例，是负债除以资本，不是资产。当然这里面有上市条例的影响，这个我们也不能否认。我们对比一下香港地区的四大天王，以李嘉诚为首的四大天王。这些人经历过无数次大衰退，而且四大天王基本上都是搞地产的，你知道他们的资本负债比例是多少？是20%。你以为李嘉诚借不到钱吗？你借不到钱是有可能的，李嘉诚不可能借不到钱，那他为什么不借？因为他经历过大衰退的洗礼，知道有进有退。真正伟大的企业家不是看你能赚多少钱，而是在大衰退的时候能做最好的风险管理，这才是真正一流的企业家。

所以高盛为什么被誉为最好的公司？它不是最大的，可是每一次危机来临，它都能够侥幸逃脱，为什么？因为风险管理做得好。试想一下，四大天王为什么每一家的负债比例都是20%？不是平均，而是每一家都是20%。否则成不了四大天王。我曾经问过他们其中一位的经营哲学，我想他的回答可以给我们所有企业家一个很好的借鉴，那就是保守，进的时候不忘记退。对于我们老百姓而言，我们也应该有一个认识，那就是在大衰退的时候，不要梦想能够赚钱，能够不赔钱就不错了。连李嘉诚、巴菲特、比尔·盖茨都赔钱，你赔点钱是可以理解的。对于我们普通股民、普通老百姓来说，应该以什么样的心态来理财呢？我清楚地告诉你：你投什么亏什么，不要抱有幻想。

因为真正的货币定价权操控在美国政府的手中，所以你不要问我黄金会不会涨价，黄金会不会涨价要看美国政府怎么运作；你也不要问我欧元会不会涨价，那也不是欧洲经济好不好的问题，还是要看美国政府怎么运作。美国政府只要来一次大动作，比如说大量发行货币，搞不好美元就会下跌。如果再来一次听证会，整治油价背后的炒作者，使油价从147美元一桶跌到60多美元一桶，美元就坚挺了，美元坚挺，全世界的其他货币都要跌。那么你可能又要问了，美元什么时候坚挺呢？让我告诉你，我的水平有限，美国政府却是人才济济，他们比我聪明得多得多，他们做完之后我看得懂，至于他们想做什么，我没有这个水平预测。在今天中国这个社会，能够认识到自己有不足的人已经很少了，我们今天什么都不多，就是牛人特别多。

第三章

金融危机对实体经济的冲击

第四章
股神也逃不过金融危机

亏损 163 亿美元，他为何还在不停投资？

巴菲特懂的，在美国只要念过 MBA 的人都懂。

美国民众痛恨华尔街的贪婪，痛恨金融危机。可是他们从来不痛恨巴菲特。为什么？

巴菲特的成功是因为他是一个好人。

大衰退的时代就是英雄辈出的时代。

如果把学金融的人全部一脚踢开，这个社会一定会更好。

一、巴菲特亏损 163 亿美元

有一个人时下人气非常旺，炙手可热。他是一个美国人，喜欢熊市和爆米花，在最近的汇源果汁收购案中，他是收购方可口可乐最大的股东。在当前的金融危机当中，美国五大投行溃败的时候，他又斥资 50 亿美元投资高盛。现在，他又用 18 亿港元买下了中国内地的比亚迪 10％的股权。说到这里，相信大家已经确认他是谁了。他就是 2008 年美国总统的两大候选人奥巴马和麦凯恩一致看好的、公认的美国财长的最佳候选人，人送雅号"股神"——巴菲特。巴菲特这个名字相信对很多股民来说，都是如雷贯耳的。他的最新传记《滚雪球》现在也已经登上了非人物传记小说这样一个文学作品的榜首，可见大家对于巴菲特很好奇。

不过在 2008 年，巴菲特也赔钱了，巴菲特的损失率高达 25％，还能叫股神吗？当然，现在没有人不赔钱。不过巴菲特赔钱跟比尔·盖茨赔钱不一样，因为比尔·盖茨持有的是他自己公司的股权，并不是炒股的人，他不是一个资产管理者。所以比尔·盖茨的资产亏损大概排名全世界第五，这是可以理解的。甚至沃尔玛家族的资产亏损排名全世界第二也是可以理解的，因为他们并不是炒股的。第四名是谷歌，亏损121亿美元，那是因为所持有公司的股票亏损才亏损的。巴菲特不一样，他的亏损排第三名，他是一个做资产管理的人，亏损这么多。也就是说另外四个人，包括亏损最大、排名第一的美国"赌王"，他们都是因为持有公司亏损而亏损，只有巴菲特是作为投资人，亏损163亿美元。

而且，虽然投资亏损，但是我们发现，金融危机发生以来，巴菲特还不停地在投资。不仅巴菲特在投资，还有一位大家也很熟悉的人，也在投资，那就是索罗斯。索罗斯现在投资一些石油和能源类股票，听起来很有水平，但是在2008年第二季度，不知道为什么，他竟然把他的对冲基金投资在雷曼兄弟上面，所以亏损了1.2亿美元。

二、不要相信金融高科技

虽然我们常说投资有风险，不过，巴菲特和索罗斯，一个是股神，一个是国际金融炒家，他们怎么也看得这么不准？而且以索罗斯的水平而言，他能够投资一家要倒闭的投资银行，实在让我感到不可思议。

我在1986年拿了沃顿商学院的博士学位，记得那个时候我们对巴菲特很关注。那时候我在美国教书，我的研究生就会问我这样的问题，老师，请你讲讲巴菲特是怎么赚钱的。我当时是这么说的，我说，你要学习巴菲特如何赚钱，就要来上我的课。我的课叫做"公司财务"，我们的课程里面有很多的数学模型，这些数学模型非常复杂，大概有十几种之多。可是我们发现，把这些数学模型带入一些会计资料之后，所计算出来的股价在美国是出奇的准确，准确率高达95％以上。如果用同样的模型计算中国香港股市的话，准确率大概只有20％～30％，如果用到内地A股市场的话，可能不止不准确，搞不好还会相反，更糟。巴菲特就是利用这种数学模型来做估算，而且这种数学模型，在美国只要念过MBA的人都会知道。

而且大家教的内容都是一样的，大家不要认为美国的商学院都是案例教学，事实上在美国教MBA的，只有两个学校是案例教学，一个是哈佛大学，一个是弗吉尼亚大学。除了这两所大学之外，其他大学全都不是案例教学，案例只是做点缀的，而且所有的其他大学所用的教材都是一样的，所用的习题也都是一样的，标准答案也都是一样的。因此在美国教书很简单，我只要不是去哈佛大学教书，我到任何学校去教书，包括沃顿商学院，包括麻省理工学院，包括耶鲁大学，我都用同样一本教材，我的考试题目都是一样的，甚至连我上课讲的笑话都是一样的，什么都是一样的，这就是美国。因此美国每一个MBA学生毕业出来，他所懂的东西都是一样的。所以巴菲特懂的东西和别人懂的东西也都是一样的，他所聘用的金融分析师的水平也跟我的学生水平一模一样。

既然如此，为什么巴菲特能赚钱呢？因为他跟我们一般人不一样，这个人耐得住寂寞，一般人是耐不住寂寞的。比如说一项投资，就像最近收购汇源果汁的可口可乐，巴菲特持有可口可乐8％的股权。问题是，他当初是怎么买到这8％的股权的？他就是运用在MBA课堂上所学习的分析技巧进行估算，他认为可口可乐是家值得投资的公司，但是根据他的估算，当时可口可乐的股价远远高于这家公司的真实价值。也就是说，用课堂上的数学模型所计算出的价值是真实价值，而实际的股价超过真实价值，那他就认为不能买。什么时候能买？比如说用这些公式计算出来的价格是10块钱，实际股价是六块钱，那你可以买，将来一定会升值的，你一定可以赚钱。

可是当时可口可乐的情况不是这样，可口可乐的价值我记不清了，我们假设是20块钱，真实价值是20块钱，而当时的股价是二三十块钱，巴菲特就不会买。于是他就等，夜也等，日也等，黄昏也等，下雨也等，等了很久很久以后，突然有一天，可口可乐犯了一个天大的错误，它向全世界宣布，为了跟百事可乐竞争，它把可口可乐的秘方改了。它这么一改，当天股价暴跌，跌穿了巴菲特计算出来的真实价值。于是巴菲特立刻进场收购了可口可乐8%的股权。第二天，可口可乐发现事态严重，马上说，不玩了，不玩了，我们当初不是这个意思，我们不是放弃我们的配方，我们是要增加一个新的配方，所以现在有两个配方，一个是古典配方，一个是新配方。可口可乐发表声明之后，股价立刻回升，巴菲特大赚一笔。他就是这样投资的。

所以巴菲特投资有一个原则，就是耐得住寂寞，他一定是先估算出这家公司的真实价值，然后等到这家公司的股价大跌时，他才会进场，否则他情愿不做，他是这样一个人。而且巴菲特这个人非常务实，我觉得他的投资理念是从来不相信神话，从来不相信高科技。我所谓的高科技是金融方面的高科技，比如说对冲基金，比如说互联网。对于投资银行的财富神话，他通通不信，他只相信可口可乐，相信通用电气，相信花旗银行。为什么？因为这些传统的公司用数学模型来计算是最准确的，这种数学模型是算不了高科技的，也算不了投资银行，甚至算不了对冲基金，只能算传统行业。因此巴菲特一生都在投资传统行业，而且每个公司都是先估算出它的真实价值，等市场价格低于真实价值时，他就进场，因此长期来看，他都是赚钱的。

三、巴菲特能否战胜中国股市的市盈率

巴菲特曾经说过两段话，或许可以让我们更清楚地看懂他的投资理念。

第一段，巴菲特说，我们不想以最便宜的价格买最糟糕的家具，

我们要的是按合理的价格买最好的家具。

什么叫做最好的家具？传统行业就是最好的家具。什么叫做合理的价格？就是这个价格一定要低于它的真实价值，这才叫合理的价格，超过真实价值就是不合理的价格，巴菲特就不会买。

我们不想以便宜的价格去买糟糕的家具，就是说巴菲特不会买IT、对冲基金这种新型金融工具，他不玩的。他认为这是糟糕的，实际上他是对的，IT的泡沫破灭了，投资银行的财富神话破灭了，对冲基金的神话也破灭了。你可能会说，巴菲特最近不是斥资50亿美元投资高盛了吗？那是因为高盛转成传统的商业银行后，他才买的，也就是说，从糟糕的家具变成了他认为合理的家具。巴菲特所谓的糟糕不是坏的意思，而是概念太新、太不稳定，他没有把握，这叫做糟糕。

第二段，巴菲特说，如果你不愿意拥有一家公司的股票10年，就不要考虑拥有它10分钟。时间是杰出企业的朋友，平庸企业的敌人。

我们常说，一个长期投资者，他会花很多时间对这家公司做跟踪研究，只要跟踪之后，他就会一生一世盯上这家公司了，不离不弃。你看巴菲特盯可口可乐，盯了这么久，夜以继日，任劳任怨，无怨无悔，终于给他逮到一个机会，买了。

巴菲特这次买了很多股票，包括美林银行、通用电气，还有高盛，甚至还有日本的一家公共汽车制造商的股票，还有另外一家能源公司的股票，这些都是传统公司。巴菲特为什么在这个时候买入呢？因为他判定股价已经跌得差不多了，所以他才会买。至于是不是真的跌得差不多了，我心里没谱，我相信巴菲特心里其实也没谱。他是赌股价短期下跌一定会回升，如果不回升怎么办？巴菲特说了一句话：1932年7月8日，道琼斯指数创了新低，但是到了第二年

3月，罗斯福就任美国总统之后，道琼斯指数马上上涨30%。而且纵观整个20世纪，虽然美国经历过两次世界大战、经济大萧条、多次金融崩溃，但是道琼斯指数由最初的66点攀升到11 497点。什么是道琼斯指数？道琼斯指数所涵盖的都是传统行业，包括银行，包括可口可乐，包括通用电气，等等。巴菲特买的就是以道琼斯指数为主的传统行业。他笃信，长期之下，道琼斯指数一定是向上走，目前碰到经济衰退，所以暂时下跌，现在进场正是好时机，将来一定会回升。即使是在1929年之后的1932年，道琼斯指数跌到最低点时，巴菲特仍然坚信会回升。因此他认为，股票市场会在几个月之后复苏。

至于现在买的是不是最低价已经不重要了，也许不是最低价，可是现在买说不定能抢到最低价，再等两天，价格可能就上去了。巴菲特是这样看股市的，他绝对不相信股价会一直这样下跌，所以他买了比亚迪的股份。我有点怀疑巴菲特到底懂不懂中国市场，因为中国市场跟美国市场是不同的。这是他第一次真正进入中国市场，巴菲特买了比亚迪的股份之后，比亚迪的老总很激动，晚上都睡不着觉了。我说看情况吧，因为这一次巴菲特是第一次买这种资产注入概念股票，当然他以前买过中石油，但是中石油不同，他当时买中石油的价格很低，是稳赚不赔的。这次不同，看看他的运气怎么样。因为比亚迪是做电瓶汽车的，所以巴菲特认为是新概念。我一向对中国企业搞高科技持怀疑的态度，因为我一直深信中国不是没有高科技，是没有真正意义上的高科技企业。所以我很好奇，我看看他投资比亚迪会是什么结果，看看这位股神能不能再一次战胜中国股市的市盈率。

四、奥巴马和麦凯恩为何看好巴菲特

另外，大家目前好奇的话题还有一个，就是2008年美国大选，两位总统候选人都看好巴菲特，这是为什么？他们的原话是这么说的。麦凯恩说，他心目中的财政部长能激发民众的信任和信心。再看看奥巴马怎么说？奥巴马说，经济的重点，在于提高中产阶级的生活水平，而不是帮助富人阶层。巴菲特似乎正好符合这两种提法。

请大家想一想，麦凯恩所谓的信任和信心从何而来？奥巴马所谓不帮助富人阶层，而帮助中产阶级这个概念又是从哪里来的？我在上一讲中曾经谈到过这个话题，美国的小布什总统在 2001 年提出减免遗产税。这对像巴菲特这样的人来说应该是有利的，他可以把他的遗产原封不动地留给他的子女了，可是他却站出来反对。巴菲特说政府这种做法是一个可怕的错误。就好比挑选 2000 年奥运会金牌得主的儿子去参加 2020 年的奥运会一样，这种家族传承是他不能接受的，他认为取消遗产税将使他的孩子不劳而获，使富人永远富有，穷人永远贫穷，有悖于社会公平。这就是信心的来源。他又说他 2006 年赚了 4 600 万美元，只缴了 17％ 的税，而他的秘书只赚 6 万美元，却缴了 30％ 的税，他说这是不公平的。他的秘书是中产阶级，而他是富人阶层。所以你看，他反对取消遗产税的做法，符合了麦凯恩所谓的信任和信心。而他对秘书的同情，对中产阶级的同情，也符合了奥巴马的经济政策，不是帮助富人而是要帮助中产阶级。我相信这一点会让美国人感动，而这也正是奥巴马和麦凯恩看好巴菲特的最重要的原因。

一个拥有这么多财富的人，有这样的觉悟是很不容易的。而且，巴菲特对于弱势群体的关怀，是发自内心的，不是作秀。比如说我们很多人可能会在发生地震灾害的时候捐点钱，巴菲特不是这样的，他随时随地在捐钱。我特意收集了一些资料，看看巴菲特是怎么捐钱的。他把 370 亿美元的 85％ 捐给五个基金会，其中比尔·盖茨基金会收到 310 亿美元；他以自己三个孩子的名义设立了三个慈善基金，每一个基金 10 亿美元；还拿出 30 亿美元捐给他已故前妻的基金会，不是捐给他的家人，他的岳父岳母，而是捐给前妻的基金会，那是很不容易的。巴菲特既没有把财富给他的子女，也没有把财富给他爱妻的父母。而是取之于社会，还之于社会。这种胸怀不是一般人能做到的。

而且我相信巴菲特这样做，并不是希望自己的名字被记住，而是因为资本主义的灵魂。所以你看，美国民众痛恨华尔街的贪婪，痛恨金融危机。可是美国老百姓从来不痛恨巴菲特，也从来不痛恨比尔·盖茨，甚至从来不痛恨这些大家族，包括洛克菲勒家族。为什么？因为这些人一直秉持着一个理念，那就是资本主义最重要的精神——对社会的责任感。他们认为自己这一生所赚的钱是社会对他的培养的结果，是社会给他的机会，而不是因为自己个人有多么大的能力。所以他们愿意把钱捐给社会，希望能够培养出更杰出的企业家，让美国经济更强大。太伟大了，这样讲都好像是假的一样，好像是童话故事。可是各位，这都是真的。美国为什么是世界超级强权，这不是没有道理的。因为它有这种国民，有这种精神领袖。

五、花 211 万美元与巴菲特共进午餐

而且巴菲特很有意思，他每年搞一次午餐会，然后招标，谁出的价钱最高，就跟谁吃饭。你知道这三年来，哪一个国家的人中标次数最多吗？是我们中国人。2006 年步步高的创办人段永平以 62 万美元中标；2007 年是美国人；2008 年 6 月 27 日，香港"赤子之心中国成长投资基金"创办人赵丹阳以 211 万美元天价中标。

巴菲特很激动，他在 2008 年 7 月 2 日表示，他对于赵丹阳高价得标与他共进午餐感到极其惊讶。我想巴菲特一定在想这人是不是疯了，只不过是吃个饭，神经不正常。我想他应该是这么看中国人的，三年来中国人两次出到最高价，他觉得不可思议。但是他又声明，他是要午睡的，午餐时间还是三小时，不会因为价格提高而延长午餐时间。但是我相信他对中国人连续得标是会有想法的。

为什么都是中国人呢？并不是因为我们经济发展快，而是一种

民族心理的问题，出风头，或者是浮躁的心态。为了见一个人花211万美元，我感到不可思议。而且巴菲特沉闷得很，不知道能跟他谈什么。因为他的投资策略很简单，我都已经讲完了。他吃饭的时候是不会说这些的，他一定是谈谈家常，谈谈子女，谈谈天气，谈谈美国的政策，他不会告诉你他的生财之道。因为他的生财之道就是我前面所讲的那些，其实很简单。

六、罗杰斯是资本主义的代言人吗

我们再来看罗杰斯，在金融危机爆发后，罗杰斯一直在呼吁说，美国救市是错误的。而他的结拜兄弟索罗斯却说，刚好相反，美国救市太慢，应该更早救，而且美国根本就不应该搞资本主义。罗杰斯说自己是资本主义的代言人，说美国政府崇尚所谓的市场自由主义是错的，是导致这一切问题发生的根本原因，他还说甚至连所谓的政府不管都是不对的，政府不但要管，而且要加大力度管。

罗杰斯有点像投机客，有点儿像我们心目中资本主义的代言人。这位所谓的国际金融炒家，当他到了一个境界之后，他心目中所希望的竟然是这样一种社会主义的思维。我这话不是在开玩笑，真是这样的。前面提到的小布什总统想减免遗产税的时候，120个美国富豪出来反对，其中也有索罗斯在内，这很有意思，到了一定的境界之后，他的想法会有所不同。罗杰斯不一样，他讲的话我不认为代表美国真正富裕的阶层，可能代表他自己吧。

七、问　答

1. 巴菲特是个好人

观　众：教授好，我想问一下，巴菲特在目前的人生经历中，有没有一些事业上的仇家或者失败的经历？

郎咸平：这个问题问得很好。我告诉各位，美国文化是这样的。它不是有没有仇家的问题，而是你要在美国生存，从出生直到死亡，这一生都要遵循美国的文化。美国人称之为"好人（Nice guy）"，好人不是滥好人的意思，而是表面上非常低调的人。这一点非常重要，我们中国人喜欢怎么夸别人？你长得真漂亮，这是我们夸人的方式。或者说这个男同志事业成功、英俊潇洒，等等。美国人不是这样的，美国人怎么夸人？他是个好人，这是美国人夸人的方式。美国人听了这个很高兴。如果你夸一个美国人英俊潇洒、事业有成，美国人的反应不会像你想象的那样，他是不会太高兴的。为什么？因为他们不喜欢张扬，他认为这是他的私事，他不喜欢人家知道他的私事。美国人甚至不喜欢你问他投票给谁，不喜欢你问他的年龄，不喜欢你问他赚多少钱，不喜欢你问他房子有多大，他也不喜欢说他住在哪里，有关隐私的事情他都不喜欢讲。而我们中国人是最好奇的，比如说路边如果出个车祸的话，一定会有一群毫不相干的人围在那里看，因为他们好奇。别人见你第一面就会问你，赚了多少钱，多大年纪，家住哪儿。中国人就是好奇，美国人不是的，他一定会说，这是一个好人。这是美国人夸奖别人的方式。所以巴菲特在美国如此成功，就是因为他是一个好人。至于有没有敌人，这不是他们考虑的问题，他的行为完全符合美国白人社会的价值观。你这个问题问得很好，我希望通过这个问题把美国人的价值观告诉各位：好人，Nice guy。

2. 巴菲特也有扛不住的时候

观　众：郎教授好，在这次金融危机中，巴菲特本人据说已经损失 163 亿美元，这是不是说明他的投资策略也有问题呢？

郎咸平：我们再谈谈巴菲特在这次金融危机中的表现，我们根据实际数据可以看出来，他的投资也受到了很大的冲击。也就是说，巴菲特过去按照所谓的数学模型推导出来的原理，是选了很多传统行业的股票，到最后发现还是不行，扛不住。经过这次金融危机之后，我们发现股价全线下跌，包括巴菲特本人也损失了163亿美元，全世界损失最多的前三名之一。这说明他的投资策略也是不抗压的，也是必须寄托在一个长久稳定的股市之上，才可能赚钱。所以今天你不要看巴菲特在这一刻损失了163亿美元，而是要看这50年来他能赚多少钱。你也不要跟最高点做比较，你要是跟他的原始投资做比较，你看看他投资多少钱？他是一个看长线的人，你不能以短线来评论他的是非功过。我相信只要这次金融危机能够顺利解决，股票市场恢复正常，他一定会大赚一笔。而这也正是为什么，在这个时刻，股价这样下跌的时候，他会大量买进，他已经花了几百亿美元在买进了。如果真像他所预期的，股市会反弹的话，那他就可以大赚一笔，说不定他会是赚钱最多的人。

巴菲特有一个信念，就是认为美国是最伟大的国家，美国一定会在短期之内解决问题，他们美国人是很爱国的，他们相信美国政府，美国人的爱国程度绝对在中国人之上。他对美国政府那种近乎迷信的爱戴，有时候我都感到不理解。他甚至相信美国政府的运作可以让股票市场在短期之内立刻回头。我们都没有这种把握，他就是有这种信念，这也是他的投资理念之一。

3. 我们该不该帮美国

观　众：郎教授您好，刚才听您说了一个问题，就是关于美国7 000亿美元的资金从哪儿来。我想问您这样一个问题，我们中国把有限的外汇资源借给美国，我们为次贷买了单。如果中国政府替美国政府买这个单，国内压力会比较大，如果减持美国国债，又对中国本身不利，因为这样中国的资产就贬值了，现在是进退维谷的时候。能不能给中国政府出一个好主意，让我们宝贵的外汇资源至少能够保值？

郎咸平：当然我出主意中国政府也不会听的，不过我先回答你第一个问题，就是美国7 000亿美元的注资方案背后，这些钱从哪里来？这相当于美国的全部老百姓平均每人要拿出两三千美元。我判断美国政府不会加税，也不至于加印钞票，美国政府很有可能向别的国家包括中国发行债券，也就是向我们借钱。所以香港地区传出谣言来说是2 000亿美元。向我们借，向日本借，向产油国家借，反正就是这样做，施加压力，不借不行，非借不可。它真要借，你还不能不借，因为这是强权政治，你必须理解，对于我们的政府在这方面所承受的压力，我表示理解。包括美国第一次打伊拉克的时候，就是顺手牵羊，就是贪钱，美国就是这样一个国家，没办法。所以美国讲得很清楚，为了在次贷危机解除之后帮助世界各国，因此你们要出钱。

如果这部分钱还不够怎么办？它也会发行债券，卖给美国中央银行，还有就是加印钞票，加印钞票就会有通货膨胀的问题。至于所谓的中国能不能抗压的问题，我觉得这个不太可能，因为这是强权政治。这不是我们能够独善其身的问题，而是帮美国解决问题，也是解决我们自己的问题。所以我们很难有正当理由不去帮助美国。而且我们确实外汇储备比较多，这是现实情况，为什么不帮呢？

至于说这个钱应该做什么投资，现在的问题是金额太大，一开始我们就有这个问题，一开始买美元债券，本身就已经注定一去不回头的厄运。根本不可能卖出，你现在卖出美元债券会有什么结果，你知道吗？一卖出美元债券，一定会导致价格大跌，利率大幅提升，美国受不了的，这么大的金额，上万亿美元，它怎么可能受得了？所以这一招根本不可行，现在我不是不想做建议，而是我做建议也都是无效的建议，因为根本不可能卖出这么多，你卖出之后，这个钱你要做什么呢？你买什么呢？你买什么什么涨，因为金额太大。所以一开始需要有一个好的规划，一开始没有好的规划，到最后就会步履维艰，目前就是这种窘况，非常被动。

4. 政府和老百姓该怎么做

观　众： 郎教授您好，主持人好。我想问两个问题，第一个，我最近也是比较关心国际金融危机的，刚才听郎教授说信托责任这个概念特别重要。我也听过您的许多演讲，就觉得确实挺严重的。关于信托责任的问题，我想借这个机会请教您一下，信托责任在中国应该怎么建立呢？是不是有一个循序渐进的过程？

还有一个问题，最近，中国人民银行降低了两率、一金。它的目的肯定是扩大内需，但是最近两天，国内定期存款的额度又增长了。请问郎教授，内需怎样扩大呢？怎样提高居民的消费能力或者消费意愿呢？

郎咸平：第一个问题我简单回答。信托责任的建立，是要靠政府去推动法制化建设，让你不敢没有信托责任，这就是美国信托责任的基础。因为人要凭良心是很难的。所以很多美国人在美国不会买盗版光盘，可是到中国就会去买盗版光盘。因为我们不去抓他，他就会去买。在美国他们为什么不敢呢？因为有强大的法律基础。所以政府必须推动法制化建设，让你不敢没有信托责任，这是一个基础。

第二个问题。目前我们国内消费只占 GDP 的 35％，想要靠金融政策来扩大内需是根本不可能的。我们的消费之所以低，是因为我们的社会保障体系不够健全，包括我们的退休保险、医疗保险，还有住房、上学等等问题，这些问题得不到解决，老百姓就不敢花钱。而且我们这么多年来，一直在强调 GDP 的增长，我们耗费了大量资源换来 GDP 的增长，但是老百姓并没有因此而富裕。我举个例子，我们的经济每年以 10％的速度在增长，而且这是不含通货膨胀的实际增长率。可是我请问，你们有多少人的薪水减去通胀率之后还是以每年 10％的速度在增长呢？说不定都是负增长。也就是说经济越增长，老百姓相对而言可能越贫穷。在这样的情况下，你怎么扩大内需？扩大消费，是不可能的。我最担心的是什么？是把大量资源又拿去做 GDP 工程，又去修桥铺路了，越修桥越铺路，资源耗费越多，经济增长越快，老百姓相对而言就越贫穷。

观　众：郎教授您好，我知道您总是给一些企业家或者到大学里给精英们讲课。今天我是作为一个最普通的中国老百姓坐在这儿听您讲课，了解了很多东西，明白了很多问题。我不像那位先生，替中国政府考虑什么，因为我没有这个能力。您刚才讲了很多巴菲特的故事，我就想，作为我们中国的老百姓，要不要秉持巴菲特长期投资的理念？在金融危机的冲击下，我们怎样才能保住我们非常有限的资产，我们应该怎么做？

郎咸平：我很愿意回答你这个问题。谢谢你，其实我应该早讲这个问题的，一激动就忘了。巴菲特的成功，仅限于美国市场，中国市场不一样。美国市场50年来的平均成长率是8％以上，所以你把钱长期放在美国股市，虽然短期之内会有波动，但是50年下来，平均会有8％的增长率，而且是年回报率8％，计算一下，50年以后富裕得不得了，这就是为什么在美国市场能长期投资。

我再告诉你一件事。美国的保险、美国的退休金之所以能够运作，就是因为有美国股市这种8％的成长率作为基础，否则退休金、保险金会全部崩溃。我们推出退休金计划、社保计划，甚至推出所谓保险金计划，可是我们从来没有学到美国真正的灵魂，什么是灵魂？一定要保障股票市场50年来平均有8％以上的增长，你的保险才会有足够的资金来做理赔，你的退休金才有足够的资金保证支付。我相信你是中小股民，我请问你一句话，我们有没有办法保证中国股市50年平均8％的成长呢？你有没有把握？我相信你是没有把握的。所以我告诉你一个会让你难过的结论，那就是你不要光看到我们股票市场的劣势，我还要告诉你，股票市场这种不能长期增长的劣势还会波及你的退休金，也会波及你的保险金，你相信吗？因此你的处境是非常艰难的。原因在哪里呢？原因是我们缺乏基础，所以你目前被套牢，至于长期能不能解套，我都没有把握。

可是更严重的是什么？在国内，当你把资金放到保险金或者退休金上，你会发现你一样亏损。香港地区应该算做得够好了吧？在香港，像我这样当教授的，像我这种级别的教授，最高级别的教授，过去我们退休的话可以拿2 000万元，那是过去，现在大概只能拿20万元。为什么？我们的退休金破产了，香港都破产，何况内地？

也就是说，你的问题，我可以给你一个更悲观的答案，你不仅在股票市场长期很难看到曙光，你目前如果投资退休金或者保险金，我都奉劝你要注意，甚至根本不要投资，你留点现金还好。你要赚钱，唯一的可能就是在泡沫时代，可是泡沫时代已经过去了，所以你在这个阶段能保有现金，如果不亏，就谢天谢地了。你投什么亏什么，你如果有机会到香港投资外币的话，也一定要听我的话，投资对冲性外币，你买100块钱的欧元，一定要买等值的美元做对冲，让你不要赚钱也不要赔钱。所以你不要抱有任何的幻想，去做保险，做退休金投资，都不要做，风险太大。什么时候可以做？等到经济有泡沫的时候再做，这才是赚钱的法则。巴菲特的这一套，听听就算了，用不到的。

5. 危机之中有良机

观　众：郎教授好。我们都是在校的大学生，我们今天调一下课来听您的讲座。我们提不出在座企业家那样现实的问题。因为我们本身有学金融和法律的，所以可能10年、20年之后，我们会成为这个社会的主流，中流砥柱。我们将掌握这个社会，甚至可能有些人会进入国家的最高层。我想请问您一下，您作为一个长辈，能不能给我们这些学金融的人什么样的建议？另外，我的父亲是做制造业的，他现在也遇到融资的问题，我也很担心。我想听听您的建议。

郎咸平：你父亲是做制造业的？那日子很难过。他还能撑多久？

观　众：他所在的企业是国企。但是听说有些工厂现在已经不开工了，有些工厂一周休息一天，已经出现这样的问题。我不知道我能做什么。

郎咸平：你问的问题让我很感动。我总觉得，我们这一代人对不起你们下一代人。我们没有给你们一个良好的环境，我们交给你们的中国，各方面都有危机，我们不但有金融危机，还有制造业危机。这一切，都预示着2009年的日子会更难过，等你们毕业之后，你们会发现，你们几个搞不好都找不到工作。因为经济极度衰退，不衰退的时候，我们都用不了这么多大学生，何况经济衰退。你们几位年轻同学一定要想到最坏的情况，等你们毕业之后可能找不到工作。除非你父亲是有力人士，那是另外一个话题了。

你们听过我的演讲之后肯定感到很悲观，中国这样，我们怎么办？但是对你们几个年轻朋友，我想送你们一句话，你们这一代是最重要的一代，因为在你们 20 岁的时候，你们就遭遇了中国改革开放 30 年以来的第一次大衰退。你知道这个意义吗？这将使你们这一代成为最具有韧性的一代，是唯一经过大衰退洗礼的一代。因此在中国经济即将步入衰退的同时，也给你们创造了难得的机会，因为大衰退的时代就是英雄辈出的时代。别的我们不能给你们，我们能给你们的就是，大衰退时代你们要如何脱颖而出。所以你今天来听我讲课本身就是一个突破，你把经济情况都了解清楚之后，你就知道自己应该如何定位，相信我的话，你只要是英雄豪杰，有足够的知识存量，你就能够看得准，你就能够脱颖而出。所以现在这个时刻，你不要因为短期之内找不到工作而自怨自艾，埋怨社会，埋怨政府，你不要这样做，这太消极了。你应该在这个时刻，利用更多的时间、更多的机会去广泛地学习，让你的思维真正与国际接轨。包括我今天讲的很多话题，都是让你们的思维开阔，与国际接轨。当你了解自己的定位之后，你才能在未来的衰退当中找到机会，这就是你成功的途径。

6. 我们不需要金融学家

观　众：郎教授你好，我想问的问题是关于股指期货的。股指期货在我们看来是输赢概率各占 50%。好像我们在电影中经常看到的情景，一个玩家跟庄家玩牌，庄家通过技术手段偷看玩家的牌，可以非常从容地操纵整个局面，想让你赢你就赢，想让你输你就输，玩家的输赢不掌握在自己的手里。我就想知道，在美国这样一个法制健全的国家，股指期货到底是一种相对公平的游戏，还是一种绝对不公平的游戏？

郎咸平：我告诉你，这些金融创新都是不必要的。我上一讲说过，如果把我们这些学金融的人全部一脚踢开的话，这个社会一定会变得更好。我们学金融的人对社会最大的贡献就是带来了无穷的祸害，股指期货也好，衍生工具也好，都是祸害。为什么需要这么多金融人才呢？那就是我们自己养自己，第一批人解决不了问题，问题越来越多，就需要培养更多的金融人才来解决问题，人才进来越多，越解决不了问题，然后就需要更多的人，这就是我们这个领域真正本质的意义。其实这些人都是不需要的，我们真正需要的是什么呢？是那些脚踏实地、勤勤恳恳、一步一个脚印做制造行业的人，是科学家，我们需要这些人，像我这种人都是不必要的。

观　众：郎教授你好，我觉得中国现在很重要的问题就是法制体系的问题。那么你认为我们中国在未来要如何做才能够健全法制体系，需要多长时间能够健全呢？

郎咸平：这个我不知道，现在只能呼吁，而且政府在这方面也有所领悟，法制化建设已经排上日程。但这个进程会因为经济的衰退而加速，我也希望能够在最短的时期内完成这个建设，但这需要时间，也需要政府的推动。

观　众：你估计呢？

郎咸平：不知道，我没有这个水平去估计，这不是我能操纵的。

观　众：郎教授您好，非常高兴多次听到您的演讲，您充满智慧的预言经常给我们敲警钟，但是很多人不听您的。

我在网上看到，您去年说到一个问题，就是说股票是消耗我们现在的钱，保险是消耗我们未来的钱。所以我想请教您两个问题，保险作为民之根本，也是老百姓的救命钱，我想请教您，对保险这个行业怎么看？因为它是金融杠杆之一，有很重要的作用。

第二个问题我想请教您，因为您刚才也讲到今后退休金只有20万了，比以前减少了很多，您有没有考虑养老保险这方面的问题呢？谢谢您。

郎咸平：第一个，保险，中国内地保险行业最大的问题有两个：

一个是缺乏一个稳定平稳的股票市场，所以保险的风险非常大，甚至有可能全线崩溃，像香港地区一样；第二个问题是保险公司过多，因此违反大数法则。这两大风险要改善都很难。

你很关心我，我就 20 万退休金怎么办？我现在上有高堂老母，下有嗷嗷待哺的儿女，我得养家糊口，怎么办呢？到处讲课赚点退休金，我容易吗？这算退休金吧，理解了吧。差不多了，不投资了。谢谢各位。

第五章
全球金融危机中的中国经济

如果中国只是有金融危机，那就好办了。

就算没有国际金融危机，中国国内的问题就足以让我们的制造业陷入衰退。

零售价提高不了，原料价格不断上升，必然导致的结果就是偷工减料。

大家不要以为就是目前这样了，我告诉你，情况会持续恶化。

有些人说些浑话，说要致富，先修路，这是胡说八道，修不修路，都会发展。

我们不要保增长，要保利润，保企业利润而不是保国家增长。GDP 不是实惠的东西。

一、危机蔓延至实体经济

美国的金融风暴已经在全球引起一场金融海啸，甚至有可能引发全球的金融危机，今天我们探讨一下，美国的金融危机会对中国造成怎样的冲击，中国的哪些产业在美国金融危机之下发生了变化？

唐新建（《中国经营报》主编）：目前据我们的记者调查，出口导向型的电动机器首当其冲，然后是家具制造业，这个挺有意思的。因为美国房地产出现了一些问题，所以导致中国家具制造业出了很大问题，因为我们的家具很大一部分是卖给美国的，包括玩具、服装这些行业都是。现在已经传导到房地产行业，已经开始有一些迹象了，大家都知道房地产开始打折了。至于银行，现在还不是特别明显。服务业目前来看有一些萧条，大家如果去饭馆吃饭的话，都能明显感觉到。

我看到一些报道，现在服务业不是特别景气，因为这次金融危机影响到人们的消费信心，消费信心受到打击以后，人们掏钱就没有以前那么冲动。所以说，从目前来看，服务业也受到一些影响。但是我们注意到一个特别有趣的现象，就是酒类，白酒，卖得特别好。不管是商场里面的白酒，还是白酒类的股票都卖得非常好。

观　众：我们公司是一家 IT 公司，是韩国的公司，今年整体状况确实是不如以前了，尤其是我们的显示器产品，我们的显示器产量在中国是第一，显示器是跟台式机相关联的，笔记本电脑对它是一个冲击。业界现在压力比较大，我觉得跟现在整体制造业的环境也是有关系的，而且我们很多工厂在中国，中国整体制造业受到的冲击对它们也有一些影响。就是在消费上，我们现在有一点通货膨胀，整体的生活成本比较高，在这方面的影响也会更大一些，确实能够感觉到。

郎咸平：有没有服务业的？

观　众：我是证券行业的，证券行业整体来讲，影响非常突出。从去年 10 月份到现在刚好是一年的时间，从 6 000 多点到 1 000 多点，很多股民来自于各个行业，从股票市值到信心都受到很多的质疑，到现在为止，很多股民可以说都是在观望。

郎咸平：还有别的行业的吗？

观　众：我是华夏银行的，银行业也受到很明显的冲击。像前一段时间，招商银行的理财产品就出现亏损，好像是因为买了雷曼兄弟的债券，所以亏损了。我们的理财产品也在减少。

郎咸平：放贷情况怎么样？

观　众：放贷我不太清楚。

郎咸平：有没有清楚的？

观　众：我是理财的，放贷不清楚。

二、中国制造业的危机

这么看来，行情上涨的大概就只有我跟白酒，都是减压产品。物价上涨了，到时候大概郎教授跟白酒的行情比目前还要看好。不过今天我听你们这么讲，我希望大家不要误解，不要把问题都归咎于所谓的金融危机，其实不是这么单纯的。如果中国只是有金融危机，那就好办了，如果真的跟国际联动的话，美国和欧洲这样处理问题，包括注入庞大资金、减息、利用国家信用来进行银行国有化，这种方式对我们的金融危机已经有所缓解。最担心的是什么？中国的问题，包括我们刚才谈的这些萧条的问题，基本上都来自于国内。就算没有国际金融危机，中国国内的问题就足以让我们的制造业陷入衰退。

我举个例子，2006 年股价上涨、楼价上涨，到 2007 年达到高峰。我曾经说过，上涨的原因不是国际金融危机，而是由于制造业的衰退，大量的资金流入了这两个行业，所以造成了泡沫现象。而我们简单地把它视为经济过热，其实根本不是这样的。中国政府在这个阶段所推出的宏观调控措施，包括提高利率和存款准备金率的做法，反而进一步恶化了制造业的危机。再加上汇率的上升、成本的上升、《劳动合同法》，等等问题，大家更不想投资制造业了，怎么办呢？炒楼、炒股去了。

三、三驾马车少了一驾

制造业的危机来自于整个中国经济体质的不断弱化，也就是我们所说的投资经商环境恶化。包括我们整个经济发展模式都有很多问题，请你想一下，我们常说"三驾马车"：消费、出口和投资。哪有这么简单？我们实际上只有两驾马车，一个是出口，另外一个就是所谓的 GDP 工程。我们就以占 GDP 的比例来计算：消费占了

35%；固定资产投资，也就是你们所看到的钢筋水泥占了55%；出口占35%，进口占27%，进出口的贸易顺差是8%左右，8%几乎是全世界最高的了。所以造成大量外汇积累，下一步就是人民币汇率上升，于是开始打击到出口制造业，再加上这个时候国际通货膨胀和《劳动合同法》的打击，现在还有宏观调控措施的打击，这么多因素一起推动的结果，就是我们制造业的投资经商环境急速恶化，那怎么办呢？不干制造业了，炒楼、炒股去，于是造成楼市泡沫、股市泡沫现象。

我们一直误读了中国经济这么多年，到现在才算喘口气，包括我们的宏观调控政策也做了某种程度的改变，否则情况会更恶劣。但是各位要注意，金融危机目前所带来的最大冲击是消费者消费信心下降，这就是我们的家具制造业等出口行业订单大幅减少的原因，减少的幅度非常惊人，高达30%左右。为什么？由于金融危机的冲击使美国人的消费信心下降，从而打击到我们。可是各位请注意一个问题，我们的出口占GDP的35%，这背后的本质是什么？是中国的产能过剩，也就是说中国的产能大概占GDP的70%，而我们只消费掉其中的35%，剩下的35%是靠国外来消费的。他们怎么消费呢？高负债消费。比如用信用卡，或者房贷、汽车贷款等方式来消费，这种过度消费吸收了我们35%的出口。

我们占GDP 35%的出口是多少？大概是1万亿美元左右。而美国这种超额的消费，超出它本国产能的消费，是0.7万亿美元，也就跟我们的出口差不多，只要他们的消费形态发生改变，他们规规矩矩的，不再过度消费，我们的出口制造业立刻就会全面崩溃。

四、《劳动合同法》对制造业工人的冲击

唐新建：所以党的十七届三中全会提出扩大农村需求，把内需调动起来。因为刚才教授也讲到，我们也注意到了，我们记者的调查中有这么一个现象，今年中国的制造业真是雪上加霜，因为在此

之前，包括成本上升和人民币升值已经使中国制造业，尤其是出口导向型制造业难以维系。这个时候美国出现了金融危机，美国的订单一减少，沿海一些出口产业马上就出现问题。

上周，我们老家的一个人，在广东打工的，给我打电话，说他被老板辞退了。他是做什么产业的呢？音响，家庭音响。是怎么辞退的呢？现在沿海地区有很多老板想出了很多办法，来逃避《劳动合同法》的限制。《劳动合同法》规定，如果你要辞退工人，你要按工人的工作年限进行补偿。所以这个老板就想了一个办法，请了一个台湾的顾问，做什么呢？这个顾问就天天挑这帮高管、工程师、设计人员的毛病，然后扣钱。扣钱扣到一定程度以后，我这个老乡一算账，发现如果继续干下去的话，工资还不够给他扣的，于是就自己辞职了，这个老板特别高兴。他就是采取这种办法辞退他的员工的，基本上辞退的都是高管，剩下的就是产业工人。产业工人现在的状况就是，来订单我就干，没有订单我就歇，也没有底薪什么的。

从工业部门、制造部门挤压出了大量的失业工人，再加上他们的家人，这个数字值得我们担忧。《劳动合同法》的本质意义是对的，也就是由社会的富裕群体来补贴弱势群体，这是对的。只是推出的时机有问题，而且缺乏试点，缺乏论证。正赶上汇率上升，成本上升，再加上《劳动合同法》，加上宏观调控，企业家干不下去了，只好炒楼、炒股去了。更为可怕的还在后面，类似"三聚氰胺"的事件会继续出现，为什么？偷工减料。

五、偷工减料是无奈之举

唐新建：现在成本还是比较高，实际上零售终端的价格还是比较低的。

价格拉不上去就偷工减料。我最近常常发现，读者找我签名的时候给我用的圆珠笔，有 30％ 写着写着就写不出字来了，为什么？

这就是偷工减料的结果。最近我出了一本书叫做《郎咸平学术文选》，人民出版社跟我说，他们用日本产的强力胶。我说，强力胶你不能用中国产的吗？难道我们中国连强力胶都不会造吗？他们说，不是不会造，是黏不牢。为什么黏不牢呢？偷工减料。依此类推，牛奶行业出现的"三聚氰胺"事件，其背后的推动因素是什么？是制造业的衰退，大家为了销路，为了降低成本、增加利润，就不择手段。

可是如果我们提高零售终端的价格，就会导致通货膨胀。而通货膨胀一旦发生的话，那就很麻烦。我觉得中国政府最担心的就是越南经济的崩溃，越南曾经被誉为改革开放最成功的国家之一，但是没有办法像我们中国这样持久，2008年年初的时候全线崩溃，为什么全线崩溃了呢？因为通货膨胀，它的通货膨胀率最高时高达25%，而且原来是外资大量进入炒楼、炒股，后来一起撤出，楼价跌，股价跌，通货膨胀却留下来了，通货膨胀率没跌，反而上升了。迫使老百姓怎么办？去买房子，银行都不愿意收本国货币，不愿意收越南盾，因为越南盾在不断贬值。老百姓怎么办？只好抢购，大米、白菜，什么都抢购，越抢购越通货膨胀。通货膨胀是造成越南经济崩溃的主要原因之一。为什么政府对通货膨胀这么重视，不愿意通货膨胀恶化，为了抑制通货膨胀，情愿牺牲别的经济指标？这就是我们前一阵子推出的宏观调控政策的特征。所以说提高零售价是不可能的，零售价提高不了，原料价格不断上升，必然导致的结果就是偷工减料。

六、股价、楼价还将持续下跌

面对制造业的危机，我们现在不容乐观，大家不要以为就是目前这样了，我告诉你，情况会持续恶化。大家不要乐观，而且国际金融危机下个星期会是什么样子谁都不知道，我们过去总是幻想危机会解决的，结果现在发现，不但没有解决，而且变本加厉，越来越严重了。倒闭的银行越来越多，我最近分析了一下数据，美国现在因为次贷危机而受到波及的银行已经有几百家了，这种海啸不会就此停止，会持续冲击。如果我们中国经济本身因为汇率、成本、《劳动合同法》以及宏观调控的压力，使投资经商环境持续恶化，大家因此都不务正业了，跑去炒楼、炒股，造成楼市泡沫、股市泡沫，下一步会是什么呢？下一步一定是楼价、股价持续下跌。楼价、股价持续下跌的原因，就是作为中国经济主体的制造业在持续衰退。

因此未来楼价、股价还是会不断下跌。下一步是什么？如果楼价、股价持续下滑，而制造业的失业率不断上升，会导致什么样的状况？你100块钱买来的房子，70块钱的贷款，现在市值只有50块钱，你就是把房子卖了，还有20块钱贷款还不起，那就很可能断供。就算你不想断供，可是你失业了，也不得不断供。下一步就是严重的金融危机在等着你。

现在投资要注意的事情，就是千万不要不自量力。我看到很多人，为了保值，拿有限的现金跑去买楼。我告诉你一个原则，你手上的现金能不能确保能够支付1/3的贷款？比如说你借了90万元，分15年偿还，那你一定要确保手上有30万元的现金。因为最坏的事情通常都会发生，比如说你刚好失业了，怎么办？你还能还得起房贷吗？而且现在这个时候，你想套现几乎是不可能的。

以上海为例，根本就没有市场，大家都在观望。大家一定要量力而行，而且我告诉各位，金融风暴还没有来。我前面讲的是制造业的衰退，而衰退是由于国内的四大因素——汇率、成本、《劳动合同法》和宏观调控造成的。而且作为中国经济主体的制造业是在不断地衰退，因此股价、楼价只有下跌的可能，上升的可能很小，只是时间和速度的问题。

现在，我们很多地方政府已经开始出手救市了，不希望房价持续下跌。大家要了解一件事情，救市本身是对的，可是救市方法可能效果不彰，为什么？这不是一个头痛医头、脚痛医脚的时代。你要知道，我们的楼市为什么这样跌，原因就是前段时间有很大的泡沫，再往前推是制造业的衰退，所以你如果不解决根源的问题，楼市是救不起来的，救市只有短期的效果，楼价的长期走势取决于经济主体是否健康。

我再举个例子，我们中国政府从 2008 年 3 月份开始一直在救股市，救到最后，变成 1 900 点，1 800 点了。为什么？为什么扛不住？因为整个国家的基础——制造业在不断地衰退，这个力量太强大了，把股价、楼价往下拽，所以地方政府拉起来一下还会再跌，再拉起来一下还是会再跌，和楼价相同，长期股价走势也取决于经济主体是否健康。

现在房价一直跌，下一步就是我说的断供，金融危机，这是很可怕的后果。再加上第五个因素，那就是国际金融危机一旦发生异常现象冲击中国怎么办？或者是如果美国人的消费形态发生改变，从过去负债消费为主的形态变成不消费了，这对于中国制造业来说简直就是灭顶之灾。所以，受打击的不单是楼市、股市，我们的制造业也会进一步受到打击。改进的机会大不大？大。我曾经说过"三聚氰胺"事件，"三聚氰胺"事件使我们对牛奶失去信心。次贷危机就是美国的"三聚氰胺"，这种负债消费的"三聚氰胺"会使美国人对于负债消费产生信心危机，结果必然就像我们一样，什么结果？不喝牛奶了，不喝牛奶，不喝奶茶。他们呢？少消费。他们减少消费就会直接冲击到我们占 GDP 35％的出口，这是最危险的。

七、政府工程拉动的 GDP 增长

唐新建：另外，内需为什么长期启动不起来？

我们这么多年的经济发展，每年 10％的增长率，基本上是以政府工程为主，叫做地方政府 GDP 工程，靠修桥铺路、钢筋水泥拉动的，因此这些相关的部门，包括地产、钢筋水泥类大型国企，它们的年增长率高达 30％，甚至 40％以上，就是它们拉动了中国经济，所以中国经济才有 10％的增长率。因为 30％的部门以 30％的速度增长，所以整个中国经济是10％的增长。

制造业危机之后，我更担心的是什么？我更担心下一步政府为了保经济增长，而注入大量资金开展GDP工程，例如2008年11月份提出的四万亿元方案就是个问题。四万亿元资金的一半靠银行信贷，1/4靠中央，1/4靠地方政府筹措。举例来说，银行信贷为了进入地方政府GDP工程，就会从萧条的民营企业大量抽出资金来给地方政府，到最后我们会变得更贫穷。因为真正能够创造财富的不是GDP工程，你们所看到的这些马路、桥梁等根本是与你无关的。有些人说些浑话，说要致富，先修路，这是胡说八道，修不修路，都会发展，这种对于基础工程过于迷信的想法是非常可怕的。因为真正能够创造财富的，不是马路。是什么？是老百姓赚更多的钱。也就是说制造业也好，IT业也好，服务业也好，有更多的客人，赚更多的钱。老板更富裕了，他每年给你30％的回报，薪水每年有增长，你才会更富裕。这样楼价和股价才支撑得住。

我现在更担心的是政府为了保增长而放弃利润，为保增长而放弃利润的结果是每年还会有10％的经济增长，可是老百姓更贫穷。因为老百姓的薪水不降低就不错了，根本不可能有10％的增长。

唐新建：其实这种情况我们也注意到了，过去这么多年来，我们的GDP每年都是10％的增长，两位数的增长，但是我们发现财富基本上跟我们老百姓关系不大，我不知道大家有没有注意到，基本上很多企业员工的收入没有什么增长，至少没有跟国家的经济增长成正比。

另外还有城乡差距的问题，城市跟农村的差距最大时达到3.3比1，这是非常可怕的。这种现象是怎么发生的？城市已经变得贫穷了，农村变得更贫穷。原因在哪里呢？因为我们只注重GDP的增长而忽略了利润的增长。所以我建议我们政府应该把大量的资源从政府工程，GDP工程转移到制造业，也就是说要帮助我们的制造业，帮助我们的服务业，帮助我们的银行业，让它们更茁壮成长，赚更多的钱，国家才会更富裕，股价、楼价才会上去，这才是真正治本的方法。因为经济下滑的力量对于股价和楼价的伤害，远远高于政府能够拉动的力量，这是我最担心的。因为真正让我们富裕的那一部分，以民营制造业为主的这一块在逐渐萎缩、逐渐衰退。

八、中国的金融危机还没有开始

美国金融危机对中国的影响还没有开始，还没有真正意义上的开始。目前按照我的观察，我们的经济和欧美各国挂钩的地方只有一个，最关键的一个，35％的过剩产能，我们美其名曰出口创汇，实际上是工厂太多了，制造出很多我们不需要的东西，然后卖给美国人，我们是通过这一部分和美国挂钩的。因为美国发生次贷危机之后，老百姓的消费信心丧失了，他们开始减少消费，另外他们的楼价大跌，盖楼的速度也降低了，因此对于跟建筑有关的各个部门，包括建材、家具等的需求也下降了。这就是一种间接的冲击，可是更可怕的在后面，那就是如果美国老百姓信心全面崩溃，那就不是家具的问题了，是对各行各业的冲击。

中国的金融危机还没有开始，楼市崩盘到一个程度之后，它才会开始。美国的金融危机通过信心的丧失，以及美国房地产的衰退而影响到中国。真正的冲击，对中国35％的过剩产能的冲击才刚开始。也就是说，在未来还有可能发生中国式的金融危机。因此我们虽然承认改革开放的成功，但是我们不能逃避问题，这些问题值得大家关注。现在不容乐观。

并且，出口一旦受到冲击，出现的问题还不止在出口方面，一旦这些工厂倒闭的话，大量工人失业的结果就是消费减少，他们可能不买那么多米了，不买那么多油了，不买化妆品了，也不买矿泉水了，因此内销的行业也会跟着衰退。

九、我们要保利润而不是保增长

唐新建：现在还有一个问题，美国的次贷危机发生以后，现在欧洲遇到很大的问题。我在网上看到一个评论，写得非常有意思，它说美国不用担心，美国至少有美国的航空母舰在，航空母舰游弋在全球各大洲，世界各国的货币肯定会向美国流入。欧洲就有必要害怕，如果危机持续下去，欧元将进一步贬值，这就是更麻烦的事情。

欧美一些发达国家经济增长的幅度减缓，对于中国这样一个出口依存度很高的国家来说，影响肯定很大。数据显示，我们 2008 年前三个季度的 GDP 指数，比去年 GDP 指数增长的幅度小很多，9％。但我认为还是过高了。我倒希望我们的制造业利润能够增长9％，这比什么都重要。我也想呼吁政府，注意力要转移一下，我们真正需要的是我们企业的利润增长，这比什么都重要。因为只有利润增长才能让老百姓过上更好的日子，只有利润增长之后，我们所担心的楼价下跌和股价下跌问题才能解决。这个问题解决之后才不会产生金融危机。只有我们的利润增长之后，国外对我们的冲击才能降到最低。

我们不要保增长，要保利润，保企业利润而不是保国家增长。GDP 不是实惠的东西。我们一直说要致富先修路，到最后已经变成以修路为修路的目的，以 GDP 为 GDP 的目的，以造桥为造桥的目的，而不知道我们的目标是什么。我告诉你，修路的目的，是要增加当地企业的利润，这是唯一的目的，而不是靠修路拉动 GDP 增长。目前我们为修路而修路，所以我们所谓的保增长，我个人是反对的。我希望我们能够把政府的资源、全国的资源拿来援助私营企业，包括制造业、金融业，帮助它们，让它们产生更多的利润，这样股市和楼市就能够救活了，而不是直接去救股市和楼市。这就是所谓"工夫在诗外"的道理，也就是"围魏救赵"的道理。

唐新建：政府对 GDP 考虑的另外一个关键点就是就业问题，如果 GDP 增长没有那么高，马上就会面临一个很大的经济问题。

GDP 就是工人的就业，我要的不是这个，我要的是一个健康成长的民营经济，能够让在座各位就业，包括白领的就业，工人的就业，而不只是建筑工人的就业，这个数量太小了，而且利润也太低了。我们是要一个更富裕的社会，而不仅仅是让一些工人就业，不要丢了西瓜，捡了芝麻。

作为我们老百姓来说，现在要小心一点儿。我们能做的有限，国际金融危机的冲击也不取决于我们，要看欧美政府怎么处理，而且政府所谓保增长的态度，也不是我们能够改变的。所以我建议各位不要做无谓的投资，不要想在大衰退的时候赚钱。在这个时刻，需要保守。真正能赚钱的时候是有泡沫的时候，泡沫让每一个人都快乐，因为大家都赚钱了。泡沫破裂之后，就是现在，每个人都忧心忡忡，所以想想看，泡沫也不是坏事。而且未来通货膨胀可能会减缓，更可怕的可能是通货紧缩，所以保留现金还是必要的。

第六章
股市的信托责任

股票市场的前身与航海之间竟有着密切的关系。

同样一艘船，只要有了信托责任，它就能够获得更高的市盈率。

上市公司应该具备哪些要素？

你们认为公司治理就是有董事会吗？就是有监事会吗？我告诉你，错了。

中石油在美国证券市场的表现与在中国Ａ股市场的表现差距甚大。

在美国是119亿美元的分红，在中国是不足6亿元人民币的分红，只有美国的2.84％。你知道它为什么这么嚣张吗？

股票市场的本质到底是什么？

我们总是看到别人的市场化、自由经济、民营经济，但你完全不了解这一切的基础。

一、"信托责任"的诞生

背景提示

> 巨额再融资方案、打新股深度套牢、上市公司高管天价年薪曝光、股市持续下跌、政府出手救市……2008年年初，中国Ａ股市场的一系列事件令广大股民眼花缭乱。如今中国股市已经走过了28个年头，股民开户数突破1亿大关，总市值超过13万亿元人民币。可是，你知道股票市场的本质是什么吗？它的前身又是怎么来的呢？

我今天给各位讲一个你们从来没有听说过的小故事。各位知不知道马可·波罗发现了中国？知不知道哥伦布发现了美国？那么这些是在什么时候发生的？都是在13～15世纪发生的，那么这些人是想干什么？这些家伙，他们的终极目的都是寻找中国。所以马可·波罗向东走，找到了中国。如果地球是圆的，那么，向西走也应该可以找到中国吧？所以葡萄牙人哥伦布就开始向西远航，走走走，找到了美洲。意大利人向东走，西班牙人、葡萄牙人向西走，是因为地利之便。对意大利人而言，向东走最快，对西班牙人、葡萄牙人而言，向西走，越过大西洋最快。

　　那么，有没有人向南、向北走呢？发挥一下我们的想象力，为什么没有人向南走、向北走呢？应该也都能走到才对啊，那么有没有人向南走呢？肯定有，只是向南走的人碰到南极大陆，必死无疑。有没有人向北走？当然有。最北方的海权国家是谁？就是英国，英国人有没有尝试过？有，当时是在1553年，有250个伦敦商人，每个人出资25英镑——当时25英镑是很大一笔钱，然后买了三艘船，其中一艘船是旗舰，名字叫做莫斯科威，加上另外两艘船，开始向北航行。这三艘船是250个伦敦商人用他们的钱买的，各位想一想，在今天的中国，这种事我们是不会干的。为什么不会干？如果这些人开着船跑了怎么办？而且跑的概率很大，我们投资这么多的钱，250个人每个人投资25英镑。而且这是船，一跑就毫无踪迹了，我们一点办法都没有。所以当时英国人就发明了四个字，叫做"信托责任"。当时的英国人就是这样说的："我既然聘你为这三艘船的职业经理人，你就要发挥你的信托责任，替你的股东，也就是这三艘船的250个股东创造财富，这样才对。"

　　于是船长带着信托责任的初级概念就开始远航北方，去寻找中国。"信托责任"这个词就这样诞生了。

二、股票市场的前身

背景提示

    1553 年，英格兰有一个叫做商人企业家的协会为了应对经济衰退，组织进行了这次带有秘密探索任务的行动。威洛比爵士与后来成为著名航海家的钱瑟勒是本次探索船队的主要负责人。在出发的那一刻，他们都不会想到，他们将进行的是西欧大航海时代开始以来最为惨烈的航行之一，最后 2/3 的船员被冻死，威洛比爵士本人也在严寒中丧生。而更令他们想不到的是，股票市场的前身正在无形中酝酿起来。

从信托责任这个词的起源来看，信托责任的本质是什么？"Trust"是信任的意思，用一个文学化或学院化的名词叫做信托，实际上就是指当时 250 个股东对这位船长抱以信任的态度，大家靠你了，去赚钱吧。希望这个船长不要逃跑。于是莫斯科威号的船长就率领船队开始远航北方，因为只要地球是圆的，往北方走一样可以找到中国。这三艘船在向北方航行的过程中在挪威外海遇到了暴风雨，三艘船中有两艘沉没了，只剩下莫斯科威号继续远航。

你知道英国为什么是海权国家？所谓海权国家，它们在遇到阻碍时的那种超强的意志力是我们难以想象的，所以一个国家之所以富强，不是没有原因的。按照一般人的观点，比如说如果是你，三艘船沉掉了两艘，你会怎么做？即使不逃掉的话，也会打道回府，不干了，太危险了。但是莫斯科威号在两艘船沉没之后依然继续向北航行，他们航行到了哪里？航行到最后，遇到了一大群北极熊，他们到了北极。走不下去了，怎么办？莫斯科威号做了惊天动地的事，那就是向右转，继续走啊走啊，碰到了一片冰天雪地的陆地，下船。哇！这么大的陆地，而且这个陆地跟北极不一样，北极只有冰，而这个陆地除了冰之外还有土，他们知道遇到新大陆了，于是这些人就在平地上滑着雪橇，在一片一望无际的平川之上开始滑雪，就这样滑啊滑啊，滑了多少公里我都不知道，大概起码有上百公里，荒无人烟，偶尔碰上北极熊。到最后，终于遇到了一个人，在英国历史上极为有名的一个人，叫做"恐怖大王伊凡"。

背景提示

　　"恐怖大王伊凡"就是俄罗斯历史上赫赫有名的第一位沙皇——伊凡雷帝。伊凡雷帝一生中取得了许多令人惊讶的成就，使俄罗斯跻身欧洲强国之林。但由于他残酷嗜杀，13岁时就下令处死了反对他的世袭大领主，后来为了权力还杀死了自己的儿子，因此他又被称为"恐怖的伊凡"。

　　恐怖大王伊凡的手下看到这些英国人走过来，都吓了一跳，无法沟通。后来英国人想到一个主意，他们拿出从船上带下来的羽毛笔、围巾、丝织品、地球仪，还有很多小玻璃制品，像墨水瓶之类的东西，看起来都很精巧的，拿来做什么？跟恐怖大王伊凡换貂皮，貂皮对当地人来说毫不值钱，但贸易的价值就在这里。为什么会有贸易？就是因为有比较利益。什么是比较利益？英国人给伊凡想要的东西，而伊凡给英国人想要的东西。英国人把毫无用处的笔和丝织品向伊凡换了他们最想要的貂皮，又向伊凡换了雪橇车，把大量的貂皮运回船上去，然后开船回到英国，把貂皮卖掉，替他们的股东赚了大把的钞票。

　　而这些人给恐怖大王伊凡居住的地方取了一个名字，取了什么名字呢？他们用旗舰的名字作为这个城市的名字，就叫做莫斯科。也就是说这些英国人往北走去寻找中国，结果没有找到中国，找到谁了？找到了俄罗斯。这个事件对于我们今天这个话题有多重要，各位知道吗？那就是自从莫斯科被发现之后，"信任"便有了价值。也就是说，这个船长如果下次还要出海的话，他就可以找到更多的人愿意出钱，帮他出海。因此同样是一艘船，它所能够获得的财富或者投资——IPO，也就是上市价格，它所能获得的 IPO 一定高于别的船，所以市盈率的概念当时就出现了。

为什么市盈率有高有低？为什么同样一张股票，这张股票每年能赚 1 块钱，另外一张每年能赚 10 块钱？为什么它的市盈率是 30 倍，而你的是 15 倍？差别就在于信托责任。同样一艘船，只要有了信托责任，它就能够获得更高的市盈率，这就是股票市场的前身。所以西方人之所以那样重视信托责任，原因就在这里，这一切的开端是从 1553 年开始的。

三、现代股份制公司治理的基础

背景提示

从 1553 年开始的航行，打开了英国与俄罗斯的海上联系，商人企业家协会也因此得到了英格兰政府的承认。1555 年，该协会宣布改组为莫斯科股份有限公司，这也是全世界第一家股份制有限公司。郎咸平教授认为，莫斯科股份有限公司的运作，其基础建立在信托责任上，而信托责任正是现代股份制公司治理的基础所在。

我想再请问各位，公司治理的基础是什么？我们学的很多东西都是表面现象，关于什么是公司治理，你们也没少被忽悠。你们认为公司治理就是有董事会吗？就是有监事会吗？我告诉你，错了。这其中缺乏什么？这些董事也好，监事也好，他们都缺乏对股民的信托责任。为什么信托责任只有在美国和英国做得好，而在其他地方都是乱七八糟？因为信托责任是历史的传承。要建立好的股市，就要有好的信托责任，政府对股民要有信托责任，上市公司的职业经理人要对股民有信托责任，这些我们都没有。

请各位再想一想，我们股改的时候，跟英国相比，我们有信托责任吗？股改有所谓的股改三定律，也就是在英国撒切尔夫人时期由罗斯柴尔德家族所推行的三定律：定律一，上市公司必须由具有职业资格的职业经理人经营。定律二，政府要发挥信托责任，必须是好的公司才可以进行股改。我们没有信托责任的概念，所以好坏公司都可以股改。定律三，英国政府为了信托责任，所以保有一股黄金股，如果有伤害股民的事情发生，英国政府有一票否决权。

我们对任何一件事情都要从一个大历史的角度来看，都要用数据说话，这样才不会犯错。因为历史就是我们的明镜，你只要对历史有深刻的理解，就会明白这一点。下面让我们看一些数据，你一点都不要觉得奇怪：2007年，中国平安的掌门人马明哲税前薪酬高达上千万元人民币，12名高管中有5人的税后薪资在1 000万元人民币以上，最低的是389万元。中国平安的解释是，高薪激励是国际化的表现。我想请问，平安保险什么时候有过这种信托责任了？不止平安，中国的上市公司普遍缺乏信托责任，这是很悲哀的事。另外中国平安出台1 000亿元人民币债券融资方案，引发了股市动荡。

四、再融资——悬在A股市场头顶的利刃

背景提示

2008年年初，就在中国内地股市脆弱挣扎之际，中国平安公司传出了巨额增发融资的消息。分析认为，这一融资规模达到1 400亿元人民币，为2007年A股融资总额的20%。消息一出，舆论哗然，上证综指暴跌5.14%。而在2008年不到两个月的时间内，上市公司再融资总额竟达到了2 594亿元，平均每家公司融资额为60.32亿元。再融资已成为悬在2008年A股市场头顶的利刃。

这种事情如果发生在英国和美国，那是非常奇怪的，因为这不符合信托责任的传统。可是发生在中国就不奇怪了，老百姓、股民算什么，自己能够套现才是真的，因为他们缺乏信托责任。在我讲完英国1553年的故事之后，你再看马明哲时不要觉得奇怪，你应该觉得悲哀。他不知道信托责任，你知道吗？你们知道吗？就是因为你们都不知道，所以他们才能为所欲为。如果在我们这个国家里，每一个人都知道呢？如果每个老百姓对上市公司的职业经理人、对政府都有信托责任的要求，你知道会有什么结果吗？

美国的股民都知道，政府替股民赚钱是应该的。上市公司赚钱当然是合法的，政府合法地替股民创造良好环境是应该的，上市公司合法地替股民赚钱是正确的，因此上市公司就一定会这样做，你信不信？你们不信吗？那我们再来看一些数据。中石油在美国也上过市，你们知道吗？中石油在美国上市跟在中国上市是不一样的，它在美国上市取得多少融资额？29亿美元。它发了多少红利给美国的投资人？119亿美元。你知道为什么吗？因为美国股民会要求，因为这是中石油在美国上市的信托责任。而在我们中国A股市场，它所得到的融资额是500亿元人民币，是在美国融资额的2.43倍，可是分红却不足6亿元人民币，只有在美国的2.84％。你知道它为什么这么嚣张吗？因为我们中国人不懂信托责任。可是像这样一个不懂信托责任的中石油，一旦去了美国，它就不敢了，它一定会给股民最大的回报。

五、假账风波导致世通公司破产

你们都觉得很悲哀，因为中石油不懂信托责任，中国平安也不懂，我们的上市公司都不懂，政府也不懂，你也不懂。一个缺乏信托责任的民族，会有好的股市吗？想一想这句话的深层含义。而英美两国为了贯彻信托责任，会用极为严格的法律，我称之为严刑峻法，来监管上市公司的信托责任。比如2002年，美国有一家世界通信公司，简称世通公司破产，其责任人被逮捕判了重刑，为什么？因为它的董事长跟首席执行官缺乏信托责任，什么信托责任呢？在我们看来是小事一件，它把成本改成了投资，它也替股民赚回了几十亿美元，但是我告诉你，这是不可以接受的。

为什么？因为你用假账替股民创造财富，这是没有信托责任的行为，这就是美国。

六、A股市场的"大小非"问题

观　众：您刚才分析，中国股改从 2005 年开始以来，因为基础错了，也就是因为信托责任的缺失，所以造成了目前一系列的问题，您认为下一阶段中国"大小非"问题比较理想的解决之道是什么？

郎咸平：大家也知道，针对"大小非"的问题，证监会等单位提出了一些管理办法，可是你有没有想到，管理办法直到今天才推出来，这本身就已经很可笑了，你当初干什么去了？大家想想看，在一个缺乏信托责任的国家，你给这些丧失信托责任的职业经理人一个毫无管理、毫无规范的空间，他们会怎么做？他们一定是以大欺小、以强凌弱，所以一定会出现"大小非"的问题。他们一定会使坏，一定会随便抛售，伤害股民。今天我们遇到的"大小非"问题，在美国股票市场上没有管理办法，为什么没有管理办法呢？因为美国所有老百姓都知道不应该这样做，你只要这样做就是犯法。因为美国实行的是普通法，法院里真正的判决者是陪审团，而不是法官。而陪审团成员可能就是你的爸爸、妈妈，或者你的阿姨，全都是普通大众，他们没有任何顾虑，只要觉得心里不爽，你就是有罪的，就是这么简单。中石油股价从 48 元跌到 15 元，我就是心里不爽，每一个陪审团成员起来念一段话，我们 12 个人认为中石油有罪，只要一句话，我们认为你缺乏信托责任，这个罪名就大了。

第六章 股市的信托责任

第七章
一百年前的中国股市

曾经繁华，中国股市早早萌芽破土。

你知不知道，到1921年，全中国有多少家交易所？

畸形发展，全球市场遭遇共同考验。

牛顿炒股，他是怎么炒的呢？

中华脊梁，成功精神托起成功中国。

我最佩服的男人。这个人是谁？

背景提示

> 1986年11月，"中美证券市场研讨会"在北京举行。11月4日，邓小平接见了全球最大的证券交易所——纽约证券交易所主席约翰·凡尔霖，并向凡尔霖赠送了一张面值50元的上海飞乐音响有限公司股票，这是我国领导人第一次向世界发出我国发展证券市场的明确信号。时至今日，证券市场在中国经济中已发挥着重要的作用，同时也面临着种种挑战。在很多股民看来，证券市场是改革开放的产物，我们对于证券市场的认识还处在童年期，而实际情况真是这样吗？事实上，早在清朝末年，中国证券市场的雏形就已经出现了，你知道吗？

我们中国人对于股票市场的理解，在很久很久以前是非常到位的。也就是说，我们在经济方面的智慧并不是在改革开放之后才积累起来的，我们中国人和欧洲人、美国人，同时经历过一些有趣的事情，叫做三次金融危机，你相信吗？

背景提示

　　金融危机是公认最难定义的经济学名词，历史上的金融危机常常通过令人恐怖的股市崩盘反映出来。1929 年 10 月 24 日，在没有任何先兆的情况下，美国股市忽然疯狂下跌，美国经济由此陷入大萧条当中，20 世纪最著名的经济学家凯恩斯，也在这次危机中几近破产。美国 1929 年的金融危机只是早期金融危机事件的一个代表，它与法国的密西西比泡沫事件、英国的南海泡沫事件一起，被作为世界金融证券市场最为深刻的教训载入史册。而在当时，中国社会已经与国外金融界有了非常密切的联系，那么，早年的中国也有金融市场，甚至也发生了金融危机吗？

一、股票市场起源于白条

　　欧洲在 17 世纪、18 世纪，尤其是在 17 世纪的时候，到处连年征战。因为当时的欧洲国家有很多殖民地，它们打非洲、打南美洲、打亚洲，打这个打那个，各国打得民穷财尽，怎么办呢？于是它们就开始发行战争债券，战争债券发行以后，还不起，还不起就开始打白条。

　　白条打了之后还是要还的，可是仍然还不起，于是就发明了股票市场。"Stock"原本的意思就是白条，白条市场，就是骗股民，把白条卖给这些傻乎乎的股民，就是这个意思。这是欧洲人做的事。我们把它翻译成了股票，我们胡乱翻译的，实际上就是欠债不还的战争债券打的白条。通过股票市场给了它一个新的概念。什么概念？这些白条是很有价值的。价值在哪里呢？那就是白条带来的未来的现金流，是什么呢？是东印度公司从中国以及其他国家掠夺来的黄金白银，这就是你未来的财富。因为你买了白条之后，有东印度公司将来掠夺的财富，这些白条就有价值了，所以你们要买，买的是什么？买的是未来的现金流。这就是今天的股票市场，这就是欧洲股票市场的来源，就是这么来的，是因为还债还不起，骗社会大众来买这些战争债券的白条。

第一批傻瓜被骗了，买了，价格拉高了，再骗第二批傻瓜；第二批傻瓜又被骗了，价格拉得更高了，再骗第三批傻瓜，就这样一直骗下去，骗到最后一批傻瓜，股市崩盘了，而且连续崩盘三次。连崩三次之后，到了1720年，各国拟定了《泡沫法案》。因为每一次都是价格炒得太高，形成泡沫，然后崩盘。所以泡沫法案就禁止这些上市公司，当时叫股份有限公司，禁止它们运营长达100年之久，甚至禁止银行，法国禁止银行经营长达150年之久，因为很多人向银行借钱炒股，结果造成了泡沫的出现。因此1720年的泡沫法案基本上禁止了股份有限公司，禁止了银行。这是欧洲股市的情况。

到了中国，很有意思，我们在100多年之后的1840年，引进了这种可恨的股份有限公司。1872年，诞生了中国第一家股份有限公司，你知道是哪一家吗？招商局。随后在不到10年的时间里，从一家变成了30家，包括招商局开的煤矿、上海机械织布局，还有很多其他行业的公司，包括牛奶、电灯、铜矿、保险、铁路等，有30多家。

二、中国证券市场的三次崩盘

背景提示

1840年，随着西方的坚船利炮打开中国的国门，清帝国被迫对外开埠通商，股份制公司以及股票交易就这样踏上了东方的土地。由于最初没有证券交易所，股票交易大多在茶馆中进行。那时，每天早上，股票经理会来到一些著名的茶馆，与买家一边聊天、喝茶，一边完成交易。随着股份制潮流涌动，上海、北京、天津、广州、武汉先后掀起了设立交易所的热潮。到1921年最高潮时，中国的交易所数目已接近200家，位居全球第一。然而，畸形的发展却让早期的中国证券市场经历了三次大崩盘，那么，发生这三次大崩盘的原因到底是什么呢？

欧洲经历的股市崩盘是从什么时候开始的呢？是从 18 世纪初开始的，而我们是从 19 世纪开始的。在这一点上，我们没有比美国和欧洲落后太多。我们的水平甚至跟美国差不多。美国股市崩盘是在 1929 年，美国都崩盘了，何况中国？我告诉各位，中国的股市崩盘有三次：第一次，1872 年；第二次，1910 年；第三次，1921 年。看到没有？1872 年、1910 年、1921 年。欧洲呢，1717 年左右；美国呢，在我们之后，1929 年。所以论资排辈，我们中国排第二。

欧洲人经历过三次大型的金融危机，就是股票市场崩盘，我们中国人也经历过三次，而且是从清朝开始的。

第一次，1872 年 9 月 2 日股市崩盘的时候，上海《申报》发表了一个评论，是用文言文讲的，因为那个时候是清朝的时代。它说，"今华人之购股票者"——就是我们买股票的人，"则不问该公司之美恶"——就是不管该公司业绩的好坏，"即可以获利与否"——也不管这个公司能不能赚钱，"但有一公司新创，纠集股份，则无论如何，尽往附股"——也就是说，人们不管这个公司是做什么的，只要股票上市了就去买，不管它的经营状况好坏，也不管它能不能赚钱，就是一头热地去买。你们有没有发现，1872 年《申报》的这些话和我们 2007 年的评论是一样的，甚至连引用的术语，到今天 2007 年、2008 年我们批评股民的话，和 1872 年的时候都是一样的。你们不觉得很可笑吗？我们就是这样引进了西方的制度，但是我们缺少了监管，我们缺少了有效的、可执行的法令来保护中小股民。

第二次，很有意思，第二次股市崩盘与国内因素无关。那是 20 世纪初期，由于汽车工业的迅速发展，需要大量的轮胎。轮胎是用什么做的呢？是用橡胶做的。所以当时就有一家英国公司兰格志在上海利用橡胶这个概念来发行股票。当时媒体是这样批评此事的，它说，"可异者市中尚有不知橡皮为何物者"，简单来说就是，当时很多炒股的人连什么是橡胶都不知道，照样炒。那么股价是怎么上涨的呢？就是这家公司，兰格志公司，1909 年 4 月 4 日，它的股价是 780 两，一个多月的时间就涨到了 1 160 两。一年之后，涨到了 1 475 两。帮忙炒股的除了中国的钱庄之外，还有汇丰银行。

到最后，1910 年 7 月，橡胶本身的价格太高了，全世界使用橡胶的国家开始压低价格，价格压低以后，像中国股市这样以橡胶概念为主的股票市场，就在 1910 年 7 月全面崩溃。这是我们的第二次金融危机。

第三次，同样很有意思。1921 年，也就是民国成立之后。因为改朝换代，所以在 1918 年，在北京，成立了第一家股票交易所。第二年，也就是 1919 年在上海成立了交易所。到了 1921 年，仅在上海就有 140 家交易所。除了股票之外，还有什么交易呢？什么都可以交易。布、麻、煤油、火柴、木材、麻袋、烟、酒、沙土、水泥等等，什么都交易，市场一片兴旺。到了 1921 年，钱庄看不下去了，它们和欧洲银行一样，也是贷了大笔款项出去，多到什么地步呢？到最后什么实业都不做了，钱也不借给实业家去开公司了，都拿去炒股了。到了 1921 年，不知道它们哪根筋不对了，觉得风险太大，开始收回贷款，于是造成了中国的第三次金融危机。

到这里，你可以发现，中国的问题和欧洲是一样的，而且几乎是一模一样的，都是利用股份有限公司随意炒作，然后银行参股，火上浇油。而这种股份有限公司的问题，加上银行的问题，在欧洲，1720 年就已经解决了，不准股份有限公司成立，不准银行成立。但是我们不知道，我们继续炒作。所以让当时清朝末年到民国初年的中国老百姓遭受了三次沉重的打击。

三、伟大的经济学家梁启超

背景提示

　　1922年，疯狂的交易所热潮终于落下了帷幕。随着门庭若市迅速变为门可罗雀，难以维系的交易所纷纷破产，最终存活下来的交易所只剩下六家，信托公司也只剩下两家。中国进入了证券交易的冰河期。然而，在惨痛的现实面前，中国当时已经有睿智的思想家提出了世界级的解决方案，而日后美国、英国的证券市场正是按照这种解决方案的思路完成了股市的重建，那么，如此睿智的中国思想家是谁呢？

　　清末戊戌变法让人们记住了梁启超的名字。在戊戌变法失败之后，梁启超没有停止对于中国前途、出路的探索，在政治、经济领域多有建树。1917年，为了国家的前途命运，反对张勋复辟，梁启超不惜顶着巨大的压力，与老师康有为决裂。"少年强则国强，少年独立则国独立，少年自由则国自由……"梁启超的这篇《少年中国说》鼓舞了无数国人，让他们将寻求少年中国作为自己的人生理想。

　　你可知道，当时中国伟大的经济学家是谁？是梁启超。他是当时最伟大的经济学家，你看他说过什么话："华人不善效颦，徒慕公司之名，不考公司之实。"也就是说，我们中国人学不像，我们只是仰慕公司的名字就开始炒股，而不考察公司的实际基本面。这是他的原话，多厉害，他可是在100多年之前说的。梁启超没有在沃顿商学院念过任何一天的经济学课程，完全凭自己的悟性。还有，他认为当时的中国股市出了什么问题？缺乏信托责任。这个批评放到今天来用，都是非常适合的。

　　梁启超怎么说？"是信，多数之有限公司互相联合，而以其全权委托少数之人为众所信用者。"也就是说，由少数有信用的人来经营企业。什么是信用？就是信托责任。梁启超认为当时的股市缺乏信托责任。这种智慧之言，很可惜没有流传下来。其实他讲的话和我今天讲的话是一样的，我的水平也就是这样。可是我告诉你，我是受过西方教育的，我拿到沃顿商学院的博士学位之后，才有这种水平，梁启超可没有，可见这个人有多聪明。

此外，梁启超还谈到股市泡沫。他称之为气泡，谓其张至极大时，即将散之时也。什么叫泡沫？就是股价拉到很高的时候，比如说上证综指升到6 000多点的时候，它就会开始下跌。梁启超都知道气泡。梁启超当时给出了一个很有趣的数据，他说康熙五十六年，当时英国股票市场搞得很兴盛，股票价格涨了好多倍，他说你知道当时有谁在炒股吗？牛顿。牛顿炒股，是怎么炒的呢？梁启超说，牛顿写信给他的朋友，请朋友代他买股票。结果买到以后这家公司就倒闭了，可见我们的牛顿同志也跟你们是一样的水平，也被套牢了，不过牛顿比你们更惨，不但被套牢了，而且公司还倒闭了。因此梁启超说，把这封牛顿写给朋友委托代买股票的信，"藏之于国家大书楼，视为鸿宝，以为商务中人戒"。所以说牛顿这人也是很倒霉的，如果生在今天的话，肯定会被媒体追得要死，你为什么炒股啊，当时是什么心态啊，等等。梁启超说，像这种信要收藏在国家图书馆里面，当成镇馆之宝，让你们这些炒股的人引以为戒。这就是梁启超讲的话。

梁启超不但这样讲，他还指出了股份有限公司的问题所在。宣统二年，也就是在中国的股票市场第二次崩溃的时候，1910年，梁启超写了一篇文章，谈股份有限公司的问题，睿智得不得了。我在前面讲过西方的股份有限公司，西方的股份有限公司是在公元10世纪出现的。当时为什么做得好？因为当时是教会企业，当时的职业经理人有着对上帝的信托责任，有着对上帝的良心。欧洲为什么发生三次金融危机？因为良心死了。为什么美国在1929年会发生危机？因为良心死了。股份有限公司不能没有信托责任，也就是说不能没有良心。那么为什么1929年的美国股市崩盘之后，1934年的美国证券交易法可以让美国的股市起死回生呢？他们靠的是法制的力量，因为美国的证券交易法用严刑峻法让你不敢没有良心。所以股份有限公司必须有良心，不管是对上帝也好，对什么也好，必须有良心。没有良心，就一定会造成股市崩盘，所以欧洲崩盘、中国崩盘、美国崩盘。最后怎么办呢？要建设法制，用法制的力量让你不敢没有良心。这就是整个欧洲1 000年的历史。最后总结出什么呢？那就是股份有限公司要造福股民，帮助股民赚钱，必须有良心，不然就要靠法制。

让我们看看梁启超怎么说。他说，这一次他讲的是白话文，1910年写的文章，说，股份有限公司必须在强而有力的法制国家才能生存。看到没有，法制建设，因为严刑峻法才能让你不敢没有信托责任。梁启超说，而中国则不知法制为何物。他说，虽然当时的中国已经有公司法，在清光绪二十九年（1903年），我们就已经有公司法了，当时叫做公司律。他说，律文鲁莽、灭裂、毫无价值，也就是说，条文粗糙得很，没有什么价值。他说就算是律文完善，也不会实行。

梁启超说，股份有限公司必须有责任心很强的国民，才能够成功。也就是说，必须有信托责任。这个人太伟大了。他认为，英国人之所以以商业雄踞天下，就是因为信托责任。

四、郎咸平最佩服的男人

你以为我们中国缺乏睿智的经济学家吗？不，至少在大清王朝的末年是不缺乏的。对于一个从来没有去沃顿商学院留过学的人来说——当然他曾经去日本留学，对于股份有限公司理解得这样透彻，令我感到不可思议。因为这个人太伟大了。

你们知道我这一生最佩服的人是谁吗？林觉民，林觉民真的太伟大了。林觉民伟大到什么程度？他曾经给他太太写了一封信——

《与妻书》，他是在黄花岗起义之前的一个晚上含泪写的。我非常崇拜林觉民，因为他做的事情我做不到。他对妻子说，你知道我为什么要去死吗？因为我爱你。

为什么因为爱你就要死呢？因为我希望全天下像我们这样的爱侣都能白头到老，所以我必须先你而死，我必须以我的死来换回全天下所有夫妻的幸福。这是什么样的胸怀？你看看这个人，最后他对太太说了一句话，我看着都很难过，他说你怀了孩子，我不知道是男孩还是女孩，如果是女孩的话，我希望她像你一样温婉贤淑；如果是男孩的话，希望他像我一样，以父志为志，当个学者。结果在70年之后，那时我在台湾大学上学，有一位客座教授，70多岁的老人来给我们上课，他叫林葭蕃，是文化大学的教授，这个人就是林觉民的遗腹子。老天爷眷顾他，让林觉民的遗愿得以实现，让他的儿子成为一位教授。多感人啊，林觉民没有说，如果我死的话，希望你能够存5 000万块钱给我儿子做生意。不是这样的，他只希望儿子做一个平平凡凡的学者，多伟大。这是林觉民，我最佩服的男人。

你知道我为什么要谈到林觉民吗？历史的巧合真是非常有意思，你知不知道梁启超的儿子是谁？梁启超的儿子梁思成，也是很有名的人，他的妻子林徽因，也是有名的才女，她和徐志摩曾经有过一段情，下次有机会再跟各位读者谈谈这段故事。可是你知道林徽因的堂叔是谁吗？林徽因的堂叔就是林觉民，林觉民的堂兄林长民是林徽因的父亲。你看这个家族，太伟大了，我们今天不需要讲别的，只要看看梁启超的睿智，看看林觉民的牺牲，你就会觉得，我们中国人大有希望。

五、全世界第一个提出金融危机解决方案的人

背景提示

　　经济一词，在清末还被称为富国策。梁启超等一批最先觉醒的知识分子，他们对于经济的探求，就是在探求国家如何富强。晚年的梁启超定居天津，著名的"饮冰室"书斋即位于此。饮冰室，取自《庄子·人世间》"今吾朝受命而夕饮冰"之句，表达了心怀使命的内心焦灼。如今《饮冰室文集》已经传遍四方，梁启超的睿智与一代人身上凝聚的文化品格不断激励着后来者。面对历史与故人，留给我们的不只是百年沧桑的感慨，而是继承一种探求与思索的精神，成功的中国是从心怀使命的探索开始的。

　　让我们假设一下，假设在 1910 年，也就是宣统二年，当梁启超把这两件事讲出来之后，假如当时大清王朝的当权者能够有这种睿智，接受他的想法，我们也有可能拟定一个什么法案，其灵魂与美国 1929 年股市崩盘之后，在 1934 年所拟定的证券交易法的精神都会是相同的。美国股票市场之所以是全世界最伟大的市场，就是因为它贯彻了梁启超的理念。美国人到了 1934 年才悟出这个道理，法制化的建设让人们不敢没有良心。而我们在 1910 年就知道了。梁启超的睿智就像造纸术、指南针、火药和印刷术一样，这一切都是我们中国人创造出来的，可惜到最后我们没有发扬光大。当然，至于我们中国人的四大发明到底对西方有什么实质性的影响，是一个我未来会跟读者探讨的问题，我想我们对自己的贡献可能感觉过于良好了。

　　你肯定要问我了，欧洲不是在 1720 年就解决问题了吗，那不是比梁启超更早？不是的，欧洲在 1720 年只是简单地禁止有限公司运作，禁止银行运作，他们提不出真正的解决方案。全世界第一个提

出解决方案的人就是我们中国的梁启超。所以我才如此感慨，这个伟人代表什么？我们中国人是极其睿智的，我们走在世界的前沿，我们整个法制的理念并不落后，我们对于现代股票市场的运作，也早在全世界其他国家之前，在 1910 年就了解了，美国人是到 1934 年才了解的，你看中国人多么伟大。

第七章　一百年前的中国股市

第八章
股市涨跌谁做主

股市扑朔迷离，究竟谁能看透？

这个事件完全可以预料。

透过股市看中国经济。

今天的中国经济是一个全世界前所未有、独一无二的二元经济。

股市涨跌究竟和经济大环境有着怎样的联系？

怎么可能有一个国家的股票市场不反映基本面？我没有听说过。

一、中国经济过热吗

背景提示

传统意义上，股票市场是经济的晴雨表。也就是说，股价变动不仅随经济周期的变化而变化，同时也能预示整个经济的变化。因此，人们称股市为虚拟经济，然而，这一轮的股市涨跌又与中国经济的基本面有什么关系呢？

今天中国的股票市场，我虽然不敢说是价值型投资，或者是纯粹反映基本面，但是我可以告诉你，我们的股票市场基本上反映了中国经济的价值面，也反映了中国经济的基本面。你信不信？你们可以问一下从事制造业的朋友，看看他们日子过得怎么样，他们的日子一定是非常难过的，从他们身上完全看不出经济有过热的感觉。当然如果从你们身上看，尤其是从证券、银行等行业，以及跟政府推动 GDP 工程有关的部门，包括建设部门、房地产行业来看，中国经济确实是过热的。这种现象才是我们这个社会真正的基本面。中国的基本面绝对不是像你所想的那样，10％的经济增长率，根本不对，10％的经济增长率不是基本面，那只是一个极不重要的经济指标而已，分析经济问题是不能这样分析的。

那么我再请问各位一下，你们认为今天的中国经济过热吗？我们中国内地的很多专家学者都在说经济过热。为什么呢？因为流动性过剩。很多朋友可能不一定知道什么是流动性过剩，简单地说，所谓流动性过剩，就是指我们手上的钱太多了。这么多钱，你买产品，通货膨胀；你买股票，股市泡沫；你买楼房，楼市泡沫。因此用流动性过剩，也就是钱太多的说法，可以清清楚楚地解释这种令我们困惑的情形。而且我们的经济又在以每年 10％的速度增长，这么高的经济增长率，我们的股票市场怎么可能不反映出来呢？我相信到现在为止，我对各位过去对于经济的理解甚至对于股市的理解做了一个简单的分析。接下来我会告诉你，以上我所分析的，全部都是错的。首先让我告诉你，如果前提就是错的呢？如果我们的经济现象不是由于钱太多，不是由于流动性过剩呢？

二、中国经济：一半是海水，一半是火焰

背景提示

2006 年，中国股市告别了低迷，开始步入良性循环。2006 年 3 月 23 日，国务院发布《2006 年工作要点》，要求在年内基本完成股权分置改革，从此，股改拉开序幕。2006 年 9 月 18 日，受 A、B 股并轨传闻的影响，沪深 B 股暴涨。2006 年 11 月 20 日，上证综指收盘报 2017.28 点，创 2001 年 7 月 27 日以来的收盘新高。之后，2007 年中国股市一路飙升，其中，沪综指突破 6 000 点，涨幅高达 97％。然而，2008 年伊始，中国 A 股市场面临动荡，巨额再融资方案、高价打新股被套、上市公司高管天价年薪曝光、通货膨胀，这一系列扑朔迷离的事件究竟有着怎样千丝万缕的联系？

我告诉各位，你们把经济看得太简单了，简单得让我感到诧异。今天中国之所以发生股市泡沫、楼市泡沫、通货膨胀，甚至人民币汇率不断上升等现象，根本不是由于流动性过剩，而是因为今天的中国经济是一个全世界前所未有、独一无二的二元经济。什么叫二元经济？那就是我们整个经济里面30％是过热的，70％是过冷的。哪些部门是过热的呢？基本上，证券、银行、地产、钢铁、水泥等部门是过热的。哪些部门是过冷的？那些当初没有进证券公司，去搞实业，尤其搞制造业的，这一部分是过冷的。也就是说在二元经济环境之下，中国经济同时存在过热和过冷现象，30％过热，70％过冷。真正带动我们经济发展的就是那些过热的部门，也就是与地方政府推动 GDP 工程有关的部门，而这种以投资拉动经济增长的发展模式，就是我们今天所看到的模式。也就是说地产、水泥、钢铁、政绩工程、形象工程以及为它们融资的银行和证券公司等这些部门是过热的，迅速膨胀的，另外70％是过冷的，这种现象就叫做二元经济。那么什么是一元经济呢？那就是美国经济，美国经济如果过热就全部过热，如果过冷就全部过冷，这就是不同之处。

三、中国股改的三大失误

在这种二元经济的环境之下，从 2006 年开始，一直到 2008 年 5 月份为止，中国股票市场的走势就是必然的。你们千万不要认为，2006 年下半年股指大涨，是由于政府推动的股改成功所导致的，我告诉你，根本不是这样。为什么我本人不认为股改是推动 2006 年股价上升的主因？因为股改本身就带来了极大的负面因素。

为了做一个比较，我以我们中国的股改和英国撒切尔夫人时期的股改来进行对比。撒切尔夫人时期，英国也做过类似于中国的股改，当时是英国的国有企业要进行股改，也就是非流通股转成流通股。请注意，英国是一个资本主义国家，甚至讲得更直白一点儿，

第八章 股市涨跌谁做主

它是个帝国主义国家，我们总认为，像这种资本主义国家的政府应该是最重视市场化的吧？绝对不像你们所想的那样，英国政府和美国政府对于股票市场的干预，力度之大是你无法想象的。那么针对股改，它们是怎么干预的呢？当时进行股改的，是罗斯柴尔德家族，最近有一本书叫《货币战争》，我相信很多人都读过，我认为这本书的内容大部分都是胡说八道的，而且这本书的大部分内容我20多年前在美国念书时就都看过了，但终究是经不起事实的推敲，因此没有什么影响力。这也是为什么那位作者说是编而不是著的原因了。但是罗斯柴尔德家族却是确有其事。罗斯柴尔德家族被马克思誉为资本主义皇冠上的钻石，在马克思的《资本论》里面大概有470多处提到这个大家族。这种绝对以帝国主义为本质的，或者说以资本主义为本质的大家族，当它拟定股改策略的时候，它是怎么做的？关于这一点，我想跟我们今天中国的股改做一个比较。

背景提示

> 梅耶·罗斯柴尔德，罗斯柴尔德家族的创始人。1744年出生于德国法兰克福，欧洲银行业巨人，创建了全球第一家跨国公司。在他40岁的时候建立了金融公司，将五个儿子分别派往五个重要的欧洲城市：伦敦、巴黎、维也纳、法兰克福、那不勒斯，建立起一个庞大的金融网络，首创国际金融业务。通过在关系紧密的家族成员间近亲结婚，来防止家族财富落入他人之手。他们开始使用五个箭头的标志，时至今日，在全球的罗斯柴尔德银行依然可以看到这个标志，它代表着团结的力量。
>
> 在19世纪的欧洲，罗斯柴尔德几乎成了金钱和财富的代名词。罗斯柴尔德家族成为历史上最为成功的商业家族之一。这个家族建立的金融帝国影响了整个欧洲，乃至整个世界历史的发展。它创办了欧洲显赫银行集团，对欧洲经济和政治产生了长达200年的影响。直到今天，世界的主要黄金市场也是由他们所控制。2005年，梅耶被《福布斯》杂志评为"历史上最有权势的20位商人"第七位，那么，这位被誉为"国际金融之父"的罗斯柴尔德对于股改有什么独到见解呢？

罗斯柴尔德提出了罗斯柴尔德股改三定律。第一定律，是股改的公司必须由具有信托责任的职业经理人来经营。罗斯柴尔德第二定律是什么？只有业绩好的公司才能进行股改，而业绩差的公司不能进行股改。你知道这是为什么吗？因为股改是由英国政府推动的，也就是说，英国政府替股改做了背书，如果你把很差的公司推出去股改，到时候股民损失了，就会骂政府。这就是政府对老百姓的信托责任，所以政府不敢让业绩差的公司进行股改。

对照罗斯柴尔德的股改定律，来看一下我们今天中国的股改，可以说是完全违反的。第一，他们非常强调职业经理人的信托责任。什么叫信托责任？完全为股民着想的职业经理人才叫有信托责任的职业经理人，看看我们的平安保险，有没有信托责任？第一条我们就违反了。第二条，像英国这种资本主义国家，它只让好公司股改，而我们呢？好坏公司都可以股改。再来看一下罗斯柴尔德股改的第三定律，股改之后，这种资本主义国家的政府竟然不退出股市，而仍然保有一股黄金股，其目的是发挥政府的信托责任，只要有损害中小股民利益的事情发生，英国政府就会出面行使它的否决权。我们呢？政府完全退出，还误以为这就叫市场化。

四、中国的股价走势符合经济基本面

就凭这三点，你知道会有什么结果吗？那就是"大小非"的问题今年一定会出现。我们这些没有信托责任的职业经理人，根本不管股民的死活，他们能套现就套现，套现之后，政府有否决权吗？政府有黄金股来做否决权吗？没有。而且我们股改的公司都不一定是好公司，坏公司也可以进行股改。职业经理人缺乏信托责任，"大小非"问题到处都是，随意抛售股票，才不管中小股民有没有损失。坏公司照样进行股改，所以股价下跌是必然的。

那怎么解释 2006 年开始的股价上涨？我的解释就是，中国股市股价的变动，基本上符合我们经济的基本面。什么叫基本面？想一想，从 2006 年开始，二元经济结构已经存在，也就是说 20％～30％ 的经济是过热的，70％～80％ 的经济是过冷的。再想一想，2006 年的宏观调控政策，我们宏观调控四年了，从 2003 年、2004 年开始，四年宏观调控是怎么调控的？要么就是提高利率，要么就是提高银行存款准备金率，这两个政策对于缓解流动性过剩是有帮助的，但对于我所说的二元经济却是有打击的。再想一想，当政府提高利率，或者提高银行存款准备金率，大量收回流动性的时候，对于这些过冷部门的企业家是什么样的打击，这些人更不想干了，觉得没意思。2006 年之前，劳动力密集产品出口产业的净利润率还可以达到 10％，从 2006 年开始大幅下降，2006 年是 5％，2007 年是 2％，2008 年大概是负值。在这种利润率大幅下降，而政府不断提高利率，不断提高银行存款准备金率的情况下，会发生什么样的结果呢？进一步打击了这些过冷部门的民营企业家，他们更不想干了，于是就把原本应该投资于产业的钱拿出来炒楼、炒股去了。

这就是为什么证券公司从 2006 年开始日子这么好过的原因，你们日子好过不是因为你们特别有能力，不是的，千万不要误解，跟你们的能力无关，而是因为我们大部分民营企业家所面临的投资经商环境，在宏观调控之下，他们的日子更难过了，他们的流动资金被大量抽回，更不想干了，怎么办呢？就开始把这些钱从过冷的部门拿出来，投入这些过热的部门，炒楼、炒股去了。

而当时的股指也特别低迷，一炒作就起来了。所以你说，2006 年中国 A 股市场股价大涨跟 10％的经济增长率有什么关系？没有关系，10％的经济增长率只是过热部门与过冷部门的平均数，实际上过热部门过热，过冷部门过冷。这种资金大量流入股市，因此从 2006 年开始，到 2007 年 5 月 30 日之前股价大涨，基本上符合基本面，而不是随意炒作。也就是说，经济状况越糟糕，所面临的环境越糟糕，大家越要炒股，股价也就越上涨。

五、2007 年股市飞涨的背后

背景提示

　　2007 年牛市的赚钱效应让各路资金源源不断地涌入。中国证券登记结算公司数据显示：2006 年 10 月新增开户数约 35 万户，到 2007 年 10 月，沪深两市开户数已突破 1.3 亿户。不到一年时间内，新增开户数量增长了 25 倍。

　　2005 年 7 月，沪深两市总市值约为 3 万亿元，2007 年 11 月 5 日中石油上市，沪深总市值突破 30 万亿元大关。我国的资产证券化率已经接近 150%。2007 年由于大盘股的发行，特别是红筹股的集中发行，沪深市场市值爆发性增长。中国石油、建设银行、中国平安等九家公司的募集资金均超过 100 亿元，一度繁荣的股市又将发生怎样的变化？这一切符合郎教授所说的"二元经济说"吗？

　　到了 2007 年 5 月 30 日，中国政府提高证券交易印花税税率，导致了什么结果呢？各位请想一想，从 2007 年 5 月 30 日一直到 11 月份，上证综指从 3 500 点飙升到 6 000 多点，是怎么拉抬起来的？大盘股拉抬的对吧？很多股民在这一轮大涨当中为什么没有赚钱？因为你们没有来上郎教授的课，没有好好学习，你自作聪明、自以为是地炒了什么二线蓝筹股，都错了。2006 年你不好好学习也无所谓，至少到了 2007 年 5 月份你得听一听，也能把握下一轮机会，那就是从 2007 年 5 月份到 11 月份，二线蓝筹股不涨，而大盘股飞涨的情况，这种现象就是所谓的"二八现象"。所谓"二八现象"当中的"二"是哪些股票啊？银行、证券公司、水泥、钢铁、地产，等等，这都叫大盘股，股指就是它们拉抬起来的。这些所谓的大盘股，正是我所说的二元经济中的过热部门。

　　原来在这个时刻，资金流量减少了，因此二元经济的问题全面显现出来。如果你在 2007 年 5 月份听过我的课的话，你就不会去买二线蓝筹股，你会买大盘股，大盘股将股指一路拉抬到 6 000 多点，买大盘股的人全都发财了。二元经济的直接反映，在股市就叫"二八现象"，你说"二八现象"是不是反映了我们经济的基本面呢？的确如此。

到了 2007 年 11 月份，我在电视节目里也讲过，叫大家注意港股要跌，我也在很多场合呼吁听我课的学员们——没有听我课的我就不管了，要抛售。为什么要抛？你想一想，从 2007 年年底到现在政府救市之前，股价的变动是不是再一次完全符合了二元经济的特点？你想一想，从 2007 年 5 月份到 11 月份，大盘股大涨，而且涨得特别离谱，涨了半年之后，大盘股应该回调了吧？那么你看，我们整个股市就是三七开或二八开，大盘股涨得过多，肯定要回调，其他股票呢？由于其他股票基本上处于二元经济的过冷部门，因此没有理由涨，只有理由跌，就这么简单。所以从 2007 年年底开始大盘股回调，二线蓝筹等制造业的股票开始下跌。为什么呢？因为 70%～80% 过冷的部门就是投资经商环境迅速恶化的部门，而且在这个时候政府又加大了宏观调控力度，使过冷部门更冷，更做不下去了，公司都做不下去了，它的股价怎么可能会涨呢？

你们也知道 2008 年 3 月份我曾经在广州发言，对《南方都市报》报系的几个记者发表我的谈话，呼吁政府救市。我为什么呼吁政府救市？那就是来源于英国股改的思想，英国政府对于中小股民是具有信托责任的。作为一个以民为本的国家，你就应该具有信托责任，你帮助股民赚钱是应该的，因此我对于我们这些专家学者所谓的"不该救市论"的感觉就是，这些人念书都没有念通，完全不懂得政府是有责任的，政府有责任而且是信托责任，谁信托你的呢？全国的老百姓。既然老百姓将他们未来的财富信托给你，你帮他们赚钱就是应该的。在"二八现象"，也就是二元经济环境之下，大盘股必定回调，而中小盘股由于二元经济的衰退持续下跌，在这种情况之下，政府还能有什么办法？除了把过去信托责任不足的缺点补足之外，我实在不知道股价怎么才能上涨。

所以，如果二元经济真的持续下去的话，股指应该会持续下跌，你不要觉得奇怪，竟然会跌破1700点，这个事件是完全可以预料的。而且各位知不知道，上证指数今天的2000点和过去的1000点是一样的。所以从2008年的5月份开始，按照我的理论体系，在这种二元经济环境之下，股指持续下跌，是完全正确的，也是完全符合基本面的。但是政府必须出面，为什么要出面？因为你要把过去由于你缺乏信托责任而导致股价下跌的错误纠正过来。怎么纠正？推出两个政策，哪两个？第一个就是股改当初犯的错误——"大小非"的问题，必须逆转过来，令股价上升；第二个就是印花税的问题，证券交易印花税税率调高当天，整个大盘几乎跌停。

怎么可能有一个国家的股票市场不反映基本面？我没有听说过。不敢讲百分之百，但至少应该要反映某种程度上的基本面。而今天的中国股市，按照我的理论来看，就是反映了我国二元经济的基本面。

2006年股价大涨，就是因为政府提高利率和存款准备金率，使得过冷部门企业家不想干了，炒楼、炒股去了，所以拉抬了股价。到了2007年的5月30日，政府提高证券交易印花税税率之后，一直到11月，股票市场的"二八现象"，也就是我所谓的二元经济，再一次反映了基本面。从2007年11月份到2008年4月中旬，二元经济环境里面过热部门的股票回调，过冷部门股票的股价持续下跌，而这就是股指跌穿3000点的原因，还是符合了基本面。到了2008年4月中旬，政府开始救市以后，股价之所以上升，就是因为政府目前所做的工作，是在纠正过去缺乏信托责任的错误，错误纠正过来以后，自然会把过去所损失的价值弥补回来，因此股价上升，仍然符合二元经济的基本面。但是由于我国经济中占主导地位的制造业持续衰退，企业大量倒闭，而在2008年9月份之后由于国际大宗物资价格大幅回调也拖累了过热部门的钢铁、水泥和建材，因此全面拖累了股指在10月底跌穿1700点。11月上旬政府推出四万亿元方案，毫无疑问的，11月中旬股指重回2000点又是二元经济的直接反映，因为这一波上涨的股票基本上都是过热部门的钢铁、水泥等大型国企。

第九章
房地产商惹谁了

如今，房地产商几乎成了为富不仁的代名词。

为什么你会对地产商如此憎恨？为什么我们中国人的焦点和目标总是针对地产商？

财富排行榜上，房地产商的名字赫然在目。

为什么中国的富豪一半都是地产商呢？

房地产行业的高利润到底有没有错？

其实暴利本身并不是罪恶，高科技有没有暴利？有的有。微软有没有暴利？当然有。

百姓的呼声与地产商的委屈，到底孰是孰非？

一、我们为什么痛恨房地产商

2008 年 5 月份，让大家感到痛心的四川汶川大地震发生之后，我们发现很多媒体的报道把矛头指向了地产商。我们很关注，碧桂园捐了多少钱？捐了 300 万元。万科捐了多少钱？200 万元。很多网友就开始骂，说地产商为富不仁，这个那个的。我们的老百姓对于地产商这么仇视是为什么？我今天作为一个学者，一个教授，秉持我一向的原则，我不骂人，骂人比较容易，可是要把问题分析到位是最难的，那就是我的专长了。我今天就想为大家分析一下，为什么你会对地产商如此憎恨？其实你们都是对的，地产商本身可恶吗？没有这么简单，先让我们看一下数据。

潘石屹曾经讲过一句话，他说房地产业之所以有这样的负面形象，主要有几点理由：第一，财富排行榜上大概有一半的人都是地产商。请注意，财富排行榜上一半以上的人都是地产商。第二，大家普遍认为地产是暴利行业。第三，腐败的官员通常与地产开发项目有关。

根据某网站的报道，95％的网友对房地产的交易现状是不满的。总而言之，大家对地产商都很痛恨。就是这句话，可是为什么？

二、到底是民众仇富，还是地产商为富不仁

背景提示

> 2006 年，面对社会各方的口诛笔伐，潘石屹发表了一篇题为《房地产业是暴利吗？谁搞臭了我们开发商》的文章，文中总结出三点人们普遍认为房地产行业是暴利行业的原因，潘石屹一一进行了辩解。但是无论他如何为自己的行业开脱，民众对于地产开发商的不满仍是与日俱增。到底是民众的仇富心理作祟？还是地产商为富不仁？为什么人们对地产商总是存在或多或少的敌意呢？

难道你们会对制造业这样痛恨吗？你们有没有痛恨过索尼的电脑？你们痛恨过三星吗？你们痛恨过比尔·盖茨的微软吗？好像不会。为什么我们中国人的焦点和目标总是针对地产商？

我告诉各位一句话，潘石屹那句话讲得太到位了。中国一半的富豪都是搞地产的，而世界 500 强企业里面大部分企业都是制造业和银行，几乎没有地产行业的，不敢说没有，很少。大部分是制造业的，比如通用电气，比如微软，还有花旗银行等等，我们中国的银行也很多，都排在里面，那么为什么中国的富豪一半都是地产商呢？

中国的富豪一半都是地产商，这就表示我们的产业结构产生了

重大的偏差，这句话是什么意思？我曾经几次谈到，今天中国的经济并不是像大家所想的那样过热，而是同时存在过热和过冷。

哪些部门过冷？中国大部分的制造业是过冷的，萧条的。哪些部门过热？与地方政府推动 GDP 工程有关的部门是过热的，比如地产行业就是过热的。为什么会造成这种现象？那是因为资本的短视行为。我们最近不断地进行宏观调控，提高利率，提高银行存款准备金率，你知道会造成什么冲击吗？会使得处在过冷部门的制造业的企业家更不想干了，因为日子艰难。那怎么办呢？他们就把制造业的资金拿出来，去过热的部门炒楼了，于是造成房地产需求的上升。

而这就是今天我们中国的富豪排行榜上一半都是地产商的原因所在，因为他们处在一个过热的部门，目前整个国家的资本从制造业大量转移到了一个畸形的房地产行业，而这是与国际完全不接轨的，因为在世界 500 强企业当中，大部分都是银行以及制造业，只有中国的情况是极其特殊的，因为在这种二元经济环境之下，我们的地产业过度发展。你们可能要问了，过度发展好像也没有什么不好嘛！也是个行业嘛！你为什么骂它呢？你说呢？你们为什么骂它呢？这就是因为地产行业的特殊性了。我可以告诉各位，你们不骂制造业，是因为制造业需要靠资本、靠人力、靠技术才能赚钱，而地产业不是，地产业几乎什么都不需要做，就可以赚钱。

我举个例子，某一个开发商，他拿到一块地，比如说一亩价值60 万元的地，他放在手上，什么事都不需要做，三年之后价格就有可能涨到 200 万元。从 60 万元一亩，到 200 万元一亩，这个差距是哪里来的？是谁创造出来的？是你们，是全社会的老百姓。由于经济发展，使得土地增值，但是这个增值的成果被谁享受了呢？房地产开发商。可是土地价值的上升与开发商完全无关，因为他们什么事都没有做，三年前买的地，放在那里两三年之后就赚两三倍，凭什么？暴利。老百姓做牛做马创造出一个繁荣的社会，你手里的土地值钱了，你就发达了。

你们买房的人是不是一样呢？我们在批评开发商之余，自己是不是一样呢？比如说你在北京买了一个楼盘，五年前买的，当时是6 000元一平方米，现在价格涨到30 000元一平方米了，你把它卖出去。我请问你，你做了什么事？什么都没有做。地产商做了什么事？什么事都没有做。为什么你的房子可以从6 000元涨到30 000元呢？是社会进步的结果让你赚到这笔钱。所以对开发商而言，对购房者而言，你的财富之所以增加，除了少部分是因为你个人的努力之外，大部分是因为社会的进步，而让你享受到了独占的好处，这才是社会仇恨的根源。

三、地产业的暴利来自哪里

背景提示

地产行业繁荣的背后既隐藏着资本流入的秘密，也包含着土地这种特殊社会资源的价值秘密。因此，当资本的短视与特殊的土地资源结合在一起，房价的高涨与地产业的暴利也就不可避免。但是，这种结合所产生的影响仅仅是推高房价、导致行业暴利这么简单吗？

老百姓不一定看得懂这些，他们的直觉反应是：地产是暴利行业。其实暴利本身并不是罪恶，比如高科技有没有暴利？有的有。微软有没有暴利？当然有，微软是全世界独一无二的垄断企业，它的系统是你无法复制的，即使你能复制也不是它的对手，这种垄断性企业所创造的暴利绝对在地产行业之上，为什么你不恨它呢？因为它没有骑在你的头上，它的财富都是用技术、资金、人才创造出来的，它做了事，赚了钱，因此你没话讲。可是地产行业就不同了，地产行业的财富基本上都是来源于整个社会的进步，而微软不是。这就造成了制造业和地产业的本质差别。那么我们中国有没有伟大的人看清楚这一点？有，这位同志你们也都很熟悉的，就是孙中山。

　　孙中山先生对各位来说很熟悉吧！很多人对他有误解，说他是孙博士，他其实没有得到博士学位，他是在香港大学念的医科，所以他的英文名字叫 Dr. Sun，这有两个解释：一个是医生，一个是博士，所以大家误称孙中山先生为孙博士，他其实应该是孙医生，而不是孙博士。孙中山先生有一个理论非常重要，我想跟各位谈一下。

　　孙中山在 100 多年前提出了这个理论，叫平均地权，涨价归公。什么意思？当然他当时讲得比较极端，就是说，你如果卖一块地，原本是 100 块钱买的，300 块钱卖的，中间 200 块钱的差价一律充公，叫涨价归公。你的房子是 500 块钱买的，700 块钱卖的，200 块钱的差价也一律要涨价归公。为什么？因为房地产的价值之所以上升与个人无关，而是来源于整个国家、社会的进步，因此涨价的这部分要还给社会，就是取之于社会，还之于社会，这就是孙中山平均地权的意思。因为土地价值就是这样决定的，由全社会的贡献所决定，所以在这个过程中赚的钱不应该归于个人。今天我们中国的房地产行业就是这个问题，我们是涨价归自己，而不是归公。

　　正是由于这个原因，造成了极大的社会矛盾。而且，也是由于这个原因，整个社会的财富、整个社会的进步所表现在地产上的，是价值不断地攀升，而这些攀升的价值，基本上都由地产开发商以及拥有房屋者获得了，而这才是造成老百姓对地产开发商不满的原因，由于这个原因造成了 95％的人对开发商不满。

四、不要迷信自由经济

　　在我们当前的中国，资本在二元经济环境之下，大量地从制造业转移到了房地产业，这种转移对于我们整个国家而言是极其不利的。为什么不利？你千万不要迷信自由经济，这个世界上没有真正的自由经济，如果你放任资本如此流动的话，到最后，我们国家的经济会产生重大问题。我们来看一个例子，通过俄罗斯的休克疗法来看一下资本短视性后果的可怕。

　　这个办法是谁帮叶利钦想的呢？是两位哈佛大学的教授，其中一位跟我关系还挺好，这个人是个俄罗斯人，在莫斯科长大的，后来去哈佛大学教书，叫做斯莱佛教授，我们判断他将来会得诺贝尔经济学奖。他和他的一位同事帮俄罗斯政府搞了一个改制。怎么搞的？斯莱佛说，你看俄国的企业都是国营企业，怎么变成像美国那样的大众持股公司呢？他的办法很有意思，每个人发几张兑换券来换股权。全国老百姓每人发100张兑换券，怎么换股权呢？比如说我们随便举一个 A 企业为例，假设 A 价值10 000张兑换券，你有100张，怎么办？你拿100张去兑换 A 的股票，就可以兑换1‰的股权，如果每个人都去兑换，一夜之间，全俄罗斯的国营企业不就都变成大众持股公司了吗？你相信吗？

　　突然之间，全俄罗斯的企业就都变成了像美国一样的大众持股公司，就这么简单。这些学者啊，有时候我都替他们感到可悲。更可悲的是，俄罗斯政府竟然听了他们的话，他们做梦也没有想到，老百姓对于当这种1‰的小股东没有什么兴趣，他们情愿拿这个兑换券去换一点酒喝或者吃麦当劳。于是就在这个时候产生了大量的兑换券黑市，老百姓拿了兑换券，就到黑市里面去换钱，换了钱就去麦当劳吃饭或者喝酒去，到处都是黑市。当时就有七个很聪明的俄罗斯人，聪明得不得了，这些人勾结了俄罗斯的国有银行，勾结了地方财政部门，用国家的钱去收购全国黑市上的兑换券，收购完之后，拿兑换券去换了所有国营企业的股权。于是，俄罗斯的国营企业一夜之间从国营企业变成了这七个人的私营企业。

你可能要问了，郎教授，这些就是民营企业，就算变成私人的，又有什么错？我告诉你，你把问题看得太简单了。资本最可怕的地方在哪里？它是追逐利润的。而且利润追逐的过程越简单越好，利润越高越好，而这也正是中国的资本从制造业转移到地产业的原因所在，因为制造业利润产生的过程比较复杂，而地产业比较简单。

俄罗斯是一样的，当这些人拥有整个俄罗斯之后，资本短视性的危机就出现了。他们发现，制造业是非常麻烦的，他们甚至连地产都觉得麻烦，还要盖房子。他们走到了一个极端，既不制造也不像中国人那样盖房子，他们把俄罗斯卖了。战斗机全部卖掉；矿产挖出来，不加工，全部卖掉；石油一开采出来，不加工，全部卖掉；任何东西，包括树，一砍下来，整棵树卖掉，连切都不切，切都嫌麻烦。甚至到最后，他们自己都不砍树了，你们来砍。你们来挖矿，挖完以后自己搬走；你们自己砍树，砍完以后自己搬走；你们自己来开采石油，完了自己运走……为什么？因为这样最简单。

五、打破资本短视的困境

背景提示

对俄罗斯最初的改革者来说，资本的流动并没有按照他们的预想运行，资本短视对国家经济所产生的危险性影响令人震惊。那么，如何打破资本短视的困境，让资本服务于国民经济中最为需要的领域呢？

俄罗斯的富豪就这样把俄罗斯卖了，矿产卖了，石油卖了，什么都卖了。因为这样是最简单的，因为钱装进口袋里才是最实惠的，这就是资本的短视性。你知道到了俄罗斯改革的后期，整个俄罗斯的国家财富是多少？我们通常用 GDP 来做衡量，GDP 就是国家财富，就是国内生产总值。你知道当时俄罗斯的 GDP 是多少吗？当时整个俄罗斯的 GDP 与中美洲的一个小国家墨西哥相当，你能相信吗？

这就是资本的短视性，直接卖掉最简单。稍微复杂一点的，像现在我们中国一样，盖房子赚钱。更复杂的是做制造业。但是，一个国家是否强大，基本上要取决于它的制造业。亚洲比较强大的经济体是哪几个？日本，以制造业为主。还有谁？韩国，以制造业为主。中国台湾这个小地区，以 IT 制造业为主。

日本的制造业、韩国的制造业以及中国台湾地区的 IT 制造业造成了这些国家和地区的繁荣，但基础是国家资本主义，是由政府来鼓励的，否则资本的短视性会让资本从复杂的制造业逐渐流向简单的房地产业，甚至会像俄罗斯一样，变成一个全部都卖掉的局面，那更糟糕。我们过去对资本的理解是不够的，我们把资本看得太简单，我们总认为民营企业家的资本应该受保护，具有流动性。我今天告诉各位一个不同的观念，资本是需要被控制的，资本是需要依靠国家的力量、政府的力量来让它归于正途，否则资本的短视性将会给这个国家的未来带来严重的后果，俄罗斯就是一个很好的例子。

六、问　答

观　众：郎教授你好，现在四川汶川发生大地震，全国人民都沉浸在悲痛之中。地震给全国人民的生命和财产造成了巨大的损失，地震对中国的 GDP、CPI 这些数据的影响到底有多大？

郎咸平：我们对所谓的灾难经济学要有一个新的看法。它对 GDP、对我们的经济增长有什么影响？目前从媒体的报道来看，说损失了几千亿元，如果这个估计正确的话，你可以想象到，我们的经济肯定会受到打击。可是任何一个灾难之后，都有一个重建的过程，这个重建的过程会投入更多的资源。我举个例子，你开一家面包店，你把它的玻璃给砸碎了，你本身会因为玻璃被砸碎而受到损失，如果玻璃价值 200 块钱，那你就损失了 200 块钱，但是你还必须去玻璃店再花 200 块钱买一块玻璃装上，为了装玻璃，你还需要请两个工人来帮你，一个工人需要 10 块钱工钱，而制造玻璃的工厂需要去进口玻璃原料来制造玻璃……环环相扣，你会发现，200 块钱的损失通过这种连锁反应，可以创造出 1 000 块钱的价值。所以，我们看地震的损失本身是几千亿元，但是在整个重建的过程当中，我们的投资，假设是 4 000 亿元，这个投资不是 4 000 亿元这么简单，而是 4 000 亿元所创造的一连串的效果，那数字就很大了，这就是所谓的灾难经济学。从本身看是受到损失，但是重建的过程会因为乘数效应而创造价值。比如说美国在 1929 年遇到经济大萧条，当时的美国政府为了解决经济萧条的问题，就叫那些失业的工人去挖洞，把洞挖好以后，再叫另一批工人把洞填上，然后再让另一批工人把洞挖开。因为你要挖洞，所以要付薪水，那些挖洞的工人拿到薪水以后，才能去面包店买面包，面包店才会进口面包原料，于是刺激农业部门，刺激煤电业部门……于是一连串的效应造成了美国经济恐慌之后的经济大复苏。经济复苏就是从几个人挖洞开始的，挖洞本身有什么贡献吗？没有贡献。可是挖洞的工人可以赚到薪水，于是带动面包店的发展，然后农业部门、煤电业部门，等等，乘数效应就出来了。这就是我们对于灾难经济学的认识，我们对于四川的灾难是感到悲痛的，可是灾难对所谓 GDP 增长的本身会产生乘数效应。

第十章
谁狙击了越南

危机突发，令繁荣褪色。

做梦也没有想到，越南今天竟然会发生金融危机。

有人预测危机，洞若观火。

他说，有些人可能得不到食物。

危机背后惊现大鳄身影。

就通过国际通货膨胀，让越南的通货膨胀率达到不可控制的25％。

真是高明，他们实在太厉害了。

国际金融炒家改写了经济学理论了吗？

越南的危机源于国际化太快吗？

到底是谁在幕后操纵，谁狙击了越南？

一、越南陷入金融危机

越南在最近五年被誉为亚洲经济奇迹，我们中国的很多企业家纷纷跑到越南去设厂。但做梦也没有想到，越南今天竟然会发生金融危机。

越南位于中南半岛东部，陆地面积约 33 万平方公里，人口 8 067 万，经济以农业为主，其中水稻品质高、产量大，年出口量占世界第三位。在结束多年的战争之后，1986 年，越南开始确立"革新开放"的发展战略，政策的引导使越南吸引外资呈快速增长态势。在外资疯狂涌入的同时，越南的资本项目也大门洞开，其 12 个服务贸易领域中的 11 个已经对外开放，其中包括通信、保险、银行等。过度的开放与经验的相对不足，为高速发展的越南经济埋下了隐患。2008 年 3 月份以来，越南经济一连串的厄运接踵而来，越南盾贬值，楼市、股市下跌，出现大米抢购风潮，通胀率升至 25.2%，越南陷入了危机之中。

这个危机是怎么来的？这个危机发源于不可控制的通货膨胀。越南的通货膨胀率高达 25.2%，也就是说如果你有 100 块钱，放在那里，什么事都不用做，你的钱就贬值了 25%。而且这种通货膨胀率还会继续升高。我们发现很多越南人已经开始抛售本国货币，到国际市场上排着队去买欧元，买美元，尽量保有外币。但是因为政府的限制等原因，当他们买不到外币之后，这一批人从购买外币变成在全国各地抢购民生必需品，包括抢购大米，抢购矿泉水等等。你能想象到的货架上的东西全部被一扫而空。为什么？因为这些物品的价值相对来说还是稳定的。

怎么理解呢？你如果以越南货币来衡量的话，这些物品是涨价了，可是它们本身的实际价值在那里，以实际价值计算，是稳定的，一袋米就是一袋米，一瓶矿泉水就是一瓶矿泉水。老百姓为了保持购买力，就会在货币大幅贬值之前抢购这些货物，一抢购，问题就会更加严重，会使这些货物的价格大幅上涨，而这个价格是以越南货币来定价的。价格大幅上涨就会导致更严重的通货膨胀，就会逼老百姓去买更多的外汇，抛售本国货币，或者去抢购民生必需品。于是形成了前所未有的越南金融危机。那么，是谁造成这个危机的？

二、冲击来自于国际热钱

我可以告诉各位一个新观念，150 年前，西方帝国主义的国家战略，你们在历史教科书上都读过，是以东印度公司为前导，炮舰为后盾，逼你打开门户。而今天呢，今天是以国际化为前导，金融为后盾，其目的是一样的。越南和我们中国相比，相对而言开放得多得多，所以在前几年，大量的热钱流入越南，炒楼，楼市泡沫；炒股，股市泡沫；买东西，通货膨胀。所有的冲击，基本上都来自于国际热钱。那么这个国际热钱是由谁控制的呢？就是由国际金融炒家所控制的。表面上看起来，越南似乎经历了某种程度的繁华，但是到了 2007 年年底，到了 2008 年，当国际热钱一撤出，产生了什么结果呢？物价指数高达 25%；股市由于国际热钱大量流入，这两年暴涨了五倍，但是就在这半年来，市值跌去了 70%；高档商品房价格下跌幅度高达 50%；由于越南老百姓大量抛售本国货币，越南盾一年内可能要贬值 30%。

三、通货膨胀是新的国际阴谋吗

我们在经济学教科书中学到过供给和需求的理论，老师是这样教导我们的，对于任何商品来说，如果供过于求，价格就要下跌；如果供不应求，价格就要上涨。这种供求理论几乎成了我们整个经济学的基础，在 2007 年之前，这个理论是对的，但是 2007 年之后，尤其到了 2008 年的 6 月份之后，这一切都变成错的了，我们进入了一个前所未有的新时代。那么通货膨胀是怎么来的？

背景提示

　　一般认为，越南此次通货膨胀是从 2007 年 7 月开始的，在不到一年的时间内，CPI 从 7％猛涨到 25.3％，为 13 年来最高，胡志明市居民平均月工资只有约 730 元人民币，他们一方面背负着世界大米产地的盛名，一方面却要购买近 4 元人民币一斤的大米，以及 20 多元人民币一斤的猪肉，生活压力可想而知。

　　这种通货膨胀的来源是国际通货膨胀。可是又是谁在操纵呢？我最近这几个月收集了大量的数据，来研究这个现象，我的研究结果有必要与各位做个沟通。就像我在前面所说的，我们一直认为供需状况决定价格，比如供过于求，价格下跌；供不应求，价格上涨。这个道理好像很简单，但是最近这几个月，石油价格大幅上涨，粮食价格大幅上涨，铁矿石价格飞涨，你认为是因为石油产出、粮食产出和铁矿石供应不够吗？或者你认为这是一个新的国际阴谋吗？

四、价格不再由供需决定

　　以 2008 年的年中为例，全世界每一天石油的消耗量和供应量差不多，平均是 8 700 万桶左右，明显的供需平衡或小幅度供过于求，但油价却从 70 美元一桶飙升到 147 美元一桶。2008～2009 年的全世界粮食总产量为 21.6 亿吨，总消费为 21.5 亿吨，而 2008 年底吃不完的库存为 3.4 亿吨，这是很明显的小幅度供过于求，但是粮价却大涨，国际优质大米价格是中国的五倍。此外，国际铁矿石的供应是从来不缺的，但是国际铁矿石的价格由三年前开始每年飞涨 76％、19％和 95％。这些数据显示，这些大宗产品的价格变动已经不能由简单的供需原理决定了。以石油为例，罗杰斯说的话非常有意思，他在 2007 年 11 月说，石油价格会升到每桶 150 美元，甚至 200 美元。他的理由很简单，亚洲经济持续增长，所以石油价格会上涨。预估得非常准。他怎么预估得这么准？另外，2006年 6 月 20 日，罗杰斯在北大演讲，他说，农产品供应量下降，食品需求上升，所以他认为，这种农产品的牛市会持续。他怎么又预估得这么准？

背景提示

在 2005 年，罗杰斯出版了一本叫做《热门商品投资》的书，至今畅销。在这本书中，罗杰斯从商品的供给和需求出发，认为亚洲经济持续发展，将带来世界范围所有商品需求的强劲增长，需要消费大量铁矿石、铜、石油、大豆和其他原材料，这些热门商品将出现长达 10 年以上的牛市。很多读者惊奇地注意到，罗杰斯几年前的言论今天正在变成现实，是罗杰斯具有超强的预测能力，还是背后另有玄机呢？

从石油价格上我们可以看出，价格已经不是像经济学教科书上所讲的那样，由供需状况决定，而是由国际炒家所决定了。这就是石油、粮食在供过于求的情况之下价格大幅上涨的原因所在。所以最近我开始研究国际炒家们的操作手法，研究完之后，大腿一拍，这些人真是高啊，他们实在太厉害了。他们是从哪里开始操作的呢？从大米开始。你想一想，为什么是大米，而不是小麦？因为相对而言，吃大米的国家都是比较贫穷、落后和愚昧的。

我们以菲律宾为例，菲律宾这个国家非常贫穷，它自己不产稻米，是稻米进口国。这些国际炒家们把大米价格炒高之后，会有什么结果呢？结果逼得菲律宾等国家买不起大米，而买不起大米的必然结果就是有人饿死，而只要有人饿死，政府就会倒台。

像越南或者泰国这些稻米出口国，一看到这种情况，它们就不愿意出口了。为什么？因为价格一上升，我们买不起稻米之后，就一定会有人饿死。一个国家只要有人饿死，这个政府必然倒台。

所以只要一看到稻米价格大幅上涨，稻米出口国，像越南、泰国，就会立刻禁止出口。为什么？因为它们害怕，稻米卖给别人以后，自己国家不够怎么办？老百姓饿死，政府就要垮台的。所以当国际炒家把大米价格一炒高之后，很多稻米出口国立刻封锁出口。它们封锁出口导致什么结果？价格涨得更快，像菲律宾这种国家更买不起了，因为它本来就很穷。那怎么办呢？后面的结果就必定是有人要饿死。因此逼得这些国家不得不砸锅卖铁，求爷爷告奶奶，拿到一点钱，就到国际市场上用最高的价格买下大米给自己的老百姓吃。

各位请想一想，你做股票是怎么做的？当你在某个价格成交之后，这个价格就是什么价格？就是市场价。同样的道理，只要这些穷国以最高的价格买下稻米，这个价格就变成了市场价。因此，国际炒家通过炒作大米，取得了完全违反市场供需的定价权。我们过去以为，稻米价格之所以上升是因为我们人多，我们需要吃稻米，所以价格就会上升。稻米价格为什么下降？因为我们不吃稻米了，供给量过剩，所以稻米价格下降。现在不是了，我们过去在经济学课堂里面所学到的，供给和需求决定稻米价格的模型，都不能用了，为什么？因为现在真正的定价权，已经掌控在国际炒家的手中。他们从大米开始，就利用饿死人的方法，取得了大米的定价权。而我认为"定价权的取得"就是国际金融炒家 2008 年的最高战略指导方针。

所以罗杰斯在 2008 年 6 月讲了一句让我们感到耸人听闻的话，他说，有些人可能得不到食物。罗杰斯怎么知道？他怎么知道？因为这就是国际炒家的操纵手法，通过罗杰斯这样的马前卒到处造谣、蛊惑，给国际金融炒家创造条件。到了今天这个时代，国际大宗产品的定价权，基本上已经牢牢掌控在国际金融炒家的手中，而越南之所以会走到今天这个地步，就是因为国际化太快。

五、他们如何操纵石油和粮食

背景提示

从 2005 年开始，罗杰斯就在各种场合大谈他的供求理论。他公开表示，全世界各国粮食的存货都非常低，世界现在消耗的粮食比产出要多。如果气候不好的话，可能会发生人们到处找不到粮食的情况，因为根本就没有粮食。罗杰斯的这番言论在郎教授看来并不真实。既然如此，国际市场的油价和粮价又是通过什么途径被操纵、炒高的呢？

那么他们是如何操纵石油和粮食价格的呢？通过期货市场。所谓期货市场，很简单，就是说有一个未来的合同，比如我要买六个月之后的石油，我怎么买呢？就要到期货市场去买，它有自己的一个价格。相对的还有现货市场，今天买是什么价格。各位都炒过股吧？炒股的时候，你今天买了这只股票，比如说 ABC 公司的股票，你如何确定它会涨价呢？那就是你买了之后，一定要保证未来有人会去拉抬股价，一定要有需求，它才会涨价。如果没有人买，那价格就有可能下跌。因此你今天买这一只股票的背后因素，一定要确定有人会买，在你买进之后，有人要炒作，有人要买。所以，你今天在股票市场上能够赚钱的原因，就是因为你买了这只股票之后，后继有人，他们会拉抬股价，所以你才能赚钱，就这么简单。

这些国际炒家们炒作石油和粮食，原理跟我们炒作股票是一样的。我们站在他们的立场上想一想，他们今天要跑去炒作石油和粮食，在期货市场上炒。他们怎么样才能够赚钱呢？就是在拉高石油价格、拉高粮食价格之后，一定要确定未来有人会买。我们买什么，什么涨价。比如最近闹得沸沸扬扬的铁矿石，价格上涨了 95%，我们的宝钢买了之后，韩国和日本也不得不跟进。为什么？因为我们需求量太大，只要我们买，价格一定会上升。而国际炒家就看到了这一点，他们怎么做呢？他们走在我们前面。所以你看，现在这种大宗物资，比如石油，涨到147美元一桶，不是由于供给不足，也不是由于我们经济发展太快，我们需要石油，不是的，是因为国际炒家一路炒高。所以在供过于求的情况下，石油价格不跌反涨。到了今天这个时代，国际大宗产品的定价权，基本上已经牢牢掌控在国际金融炒家的手中。而这就解释了一个现象，那就是为什么石油输出国没有意愿增产。

六、国际金融炒家改写了经济学理论

背景提示

> 2008年7月初，国际油价突破145美元每桶，再创历史新高。鉴于油价过高对于各国经济，尤其是对于世界贫穷国家经济的打击，国际能源机构曾督促欧佩克通过增产来平抑油价。但耐人寻味的是，欧佩克轮值主席哈利勒近日公开表示，目前国际原油市场供需平衡，欧佩克没有必要增产。油价上涨也不是欧佩克的责任，在2007年欧佩克已经提高了产量，但油价依旧上涨。与此同时，罗杰斯则声称，除非发现大油田，否则油价涨多高都不奇怪。这两种并不一致的说法说明了什么问题呢？

相信大家都看到过媒体的报道，很多国家要求石油出口国，包括沙特、科威特等多生产石油。但它们说，不需要增产石油，为什么？它们说根本就不是我们的问题，因为这个市场本来就是供过于求的。各位再想想，现在香港地区的汽油价格有多高？我们内地现在的93号汽油，涨了一次价，6块钱左右吧，各位知道香港的汽油价格多高？合人民币20块钱左右。你能想象吗？在这种高油价之下，需求被大幅抑制，大家根本不想消费了。为什么价格不跌反涨呢？国际金融炒家在操作。也就是说，我们所学的经济学从 2008 年开始应该重新改写，怎么写？那就是石油等各种产品的价格，是由国际金融炒家所决定的。他们怎么决定呢？按照他们个人的意愿来决定。供给和需求，那是古典学派，那是古时候的事，至少在 2008 年之后，供给需求决定不了价格。我们今天就处于这种局面。

七、越南的危机源于国际化太快

这就是我之前告诉各位的，和 150 年前不同了，当时是以东印度公司为前导，炮舰为后盾，这一切你都看得到。今天不同了，今天是以国际化为前导，金融为后盾，而越南之所以走到今天，就是因为国际化太快。

越南的国际化比我们快，到最后是什么结果？国际金融炒家让大量热钱流入越南，炒股、炒楼，把股价、楼价拉得老高，然后配合国际通货膨胀，大量撤资，使得股价大跌、楼价大跌。亏了谁？亏了越南的老百姓，国际金融炒家自己满载而归。那么他们怎么让股价、楼价大跌呢？就通过国际通货膨胀，让越南的通货膨胀率达到不可控制的 25％。这 25％的通货膨胀率让越南人民产生恐慌，开始大量抛售越南货币，使得越南货币贬值，于是老百姓开始抢购各种农产品，各种生活必需品，于是价格上涨，通货膨胀更加恶化。

这个时候，国际炒家看准了，好了，越南的危机来了，越南完蛋了。他们做了什么？他们高价抛售楼盘，高价抛售股票，满载而归，全部撤资走了，把这个烂摊子留给了越南。这就是什么？这就是我一再告诉各位的，越南正在经历一场以国际化为前导、金融为后盾的前所未有的金融灾难。所以越南是失败的。

八、问 答

观　众：现在正好是亚洲金融风暴发生10年多一点的时间，这一次越南金融风暴会不会演化成第二次亚洲金融风暴？这次金融风暴和上一次金融风暴有没有什么区别或者联系？这次在越南的金融风暴，会不会扩大？

郎咸平：下一个目标是谁？去年有一本畅销书，叫做《货币战争》，你们看过没有？千万别看，它的内容都是错的。如果国际炒家就这么点水平，那我们就该安心了。国际炒家的可怕之处在于，他们每一次的手法都是不一样的。所以狙击日本的手法，狙击亚洲各国的1997年金融风暴，狙击越南的手法都不同。中国跟越南不一样，在越南只是靠资本的流入和流出，资本一进去，把价格炒高之后，接着撤出，让股市崩盘，那比较简单。中国不同，因为中国需求大，人口多，所以使得这些国际金融炒家，在国际大宗物资上面有利可图，至于他们下一步会怎么做，坦白地讲，我们都不知道。

观　众：我有一个企业家朋友，他现在已经在越南投资建厂了，他当初去越南的时候是看中了那边的劳动力和资源，但是现在越南发生这种情况，他本身又是一个土企业家，不了解金融方面的知识。在这种情况下，他是应该全身而退呢，还是会有什么机遇呢？

郎咸平：目前的机遇是金融战的机遇，如果他不懂金融的话，最好不要把握这个机遇，因为他会失败。你可以跟你这个朋友讲，离开中国到越南，本身就是个错误。因为中国至少还够大，你还有回旋的空间。到了越南，一旦碰到金融危机，由于它地方过小，所以你回旋的空间就变得非常小。像物价这么高，成本这么高，怎么办呢？这就是一个问题，而且机遇来源于哪里呢？机遇来源于金融，金融能做好才有机遇。如果只是单纯制造业的话就很难，他就很容易受制于这个环境。所以为什么企业家需要一个稳定的环境？就是因为这个原因。最好是汇率也稳定，利率也稳定，什么都稳定，这样才比较容易发展。一旦出现大幅波动，对于制造业的企业家来说是最困难的。你对中国是非常了解的，可是，你知不知道你到了越南，会是什么结果？你什么都不知道，越南的整个系统风险是什么，你都搞不清楚，这是最大的问题之一。

观　众：因为他毕竟是个土企业家，他只是看中了他以前看重的劳动力这方面的因素。

郎咸平：这就是错的，他以劳动力为选择标准，本身就是有问题的。所以他会为他这个错误决定付出代价的。

东方出版社推荐阅读——

1. 更高层面的领导

让你拥有正确的领导力，释放员工的能量和潜能！

这是一本成就卓越领导力和团队绩效的商业宝典！

肯·布兰佳及其团队关于领导力的集大成之作。

作者：肯·布兰佳

出版时间：2008 年 8 月

定价：48.00 元

ISBN：978-7-5060-3287-2

上架类别：企业管理

2. 管理圣经

雀巢总裁奉献给天下管理者的口袋书！

打造管理团队系统作战的实用教材！

一线管理者随时查阅的工具书！！！

作者：赫尔穆特·毛赫尔

出版时间：2008 年 9 月

定价：32.00 元

ISBN：978-7-5060-3256-8

上架类别：企业管理

3. 不消极的活法

寻找感激的理由，掌控感激的力量。

从问题的提出、问题的解决到如何实践，系统化地论述如何避免消极，运用感恩获得人生的成功！

作者：[美] 迈克·罗宾斯

出版时间：2009 年 5 月

定价：23.00 元

ISBN：978-7-5060-3520-0

上架类别：励志类

4. 不愤怒的世界

愤怒是健康的杀手，是人际关系的红灯，是成功的绊脚石，是和睦家庭的原子弹，是我们继承的不良资产，也会是遗传后代的疾病基因。

科学管理愤怒，造就理想人生！

作者：［美］罗伯特·亚伦

出版时间：2009 年 6 月

定价：25.00 元

ISBN：978-7-5060-3513-2

上架类别：励志类

5. 活法

全球两大跨国公司——京瓷和 KDDI 的缔造者，帮您打造充实人生，收获成功果实。

日本"经营之圣"稻盛和夫与您畅谈职场经营的生存指南。

作者：［日］稻盛和夫

出版时间：2005 年 3 月

定价：24.00 元

ISBN：978-7-5060-2140-4

上架类别：管理、励志

6. 活法 II：稻盛和夫说企业人的 "活法"

日本唯一在世的"经营之圣"，两家世界五百强的创始人领悟真正的企业人精神，感受最高境界的"活法"！

作者：［日］稻盛和夫

出版时间：2009 年 3 月

定价：25.00 元

ISBN：978-7-5060-3427-2

上架类别：企业管理

7. 已经发生的未来

社会生态学家巨著　全球首度发行中文版

全面洞察已经发生的人类后现代世界的未来！

作者：［美］彼得·F·德鲁克

出版时间：2009 年 4 月

定价：35.00 元

ISBN：978-7-5060-3465-4

上架类别：社会管理

8. 后资本主义社会

社会生态学家巨著　德鲁克百年诞辰纪念

中国已进入以知识为主要资源的后资本主义新社会！

作者：［美］彼得·F·德鲁克

出版时间：2009 年 8 月

定价：33.00 元

ISBN：978-7-5060-3567-5

上架类别：社会管理

9. 管理新现实

思想大师德鲁克勾画的转型和重叠世界的社会蓝图！如何从旧问题中，找到新现实，进而管理新现实、主导未来？

作者：［美］彼得·F·德鲁克

出版时间：2009 年 3 月

定价：38.00 元

ISBN：978-7-5060-3418-0

上架类别：社会管理

10. 德鲁克看中国与日本

　　管理学巨匠德鲁克和企业界大亨中内功的深度对话！

　　中、日两国如何角逐未来世界？谁能赢得竞争优势与主导未来亚洲和世界？

　　作者：［美］彼得·F·德鲁克

　　出版时间：2009 年 5 月

　　定价：33.00 元

　　ISBN：978-7-5060-3511-8

　　上架类别：社会管理

11. 金融危机经济学

　　学院派的逻辑与体系　新闻派的趣味与笔法

　　清清楚楚剖析空前的经济危机，明明白白掌握自己的经济命运！

　　作者：［美］科林·里德

　　出版时间：2009 年 3 月

　　定价：35.00 元

　　ISBN：978-7-5060-3428-9

　　上架类别：经济管理

12. 大拯救

　　前高盛投资银行家、《奥巴马经济学》作者预测金融危机的未来！

　　危机还将持续多久？经济衰退时期的最佳投资策略是什么？

　　作者：［美］约翰·R·塔伯特

　　出版时间：2009 年 4 月

　　定价：35.00 元

　　ISBN：978-7-5060-3477-7

　　上架类别：经济管理